AF590806

CHRÉTIENS ILLUSTRES

AU XIXe SIÈCLE

PRÊTRES ET SOLDATS

Grand in-8° 4e série *bis*.

Général LALLEMAND

L'ABBÉ A. BARAUD

CHRÉTIENS ILLUSTRES

AU XIXe SIÈCLE

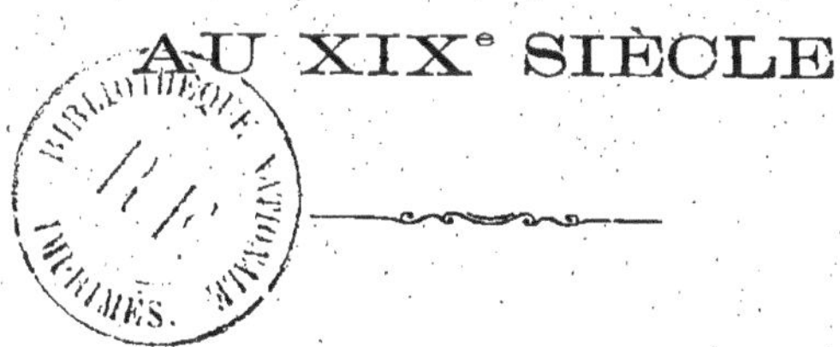

PRÊTRES ET SOLDATS

Ouvrage orné de gravures.

PARIS
rue des Saints-Pères, 30
J. LEFORT, IMPRIMEUR, ÉDITEUR
A. TAFFIN-LEFORT, Successeur
rue Charles de Muyssart, 24
LILLE

ÉVÊCHÉ
DE
LUÇON

Luçon, le 25 Octobre 1894.

MONSIEUR LE CURÉ,

Monseigneur me charge de vous envoyer votre manuscrit de biographies. Peut-être est-ce un peu tard. En échange, veuillez agréer les félicitations de Sa Grandeur et ses encouragements à continuer vos travaux littéraires, agréables pour vous, sans doute, et, à coup sûr, très utiles aux autres, par les bons exemples que vous leur mettez sous les yeux.

Veuillez agréer, Monsieur le Curé, l'hommage de mes respectueuses salutations.

L. BOUCHET,
Vicaire général.

M. l'abbé BARAUD, curé de La Caillère.

CHRÉTIENS ILLUSTRES

AU XIXe SIÈCLE

PRÊTRES ET SOLDATS

GRAMONT (Alfred de)

GÉNÉRAL DE DIVISION, HÉROS DE REISCHOFFEN

(1824 — 1890)

« Croyez-moi, Monsieur, je sais ce qu'il faut au soldat : la religion. Si vous n'en voulez pas, n'en dégoûtez pas les autres. »
(Maréchal Bugeaud *à un député*).

Si la science et la bravoure naturelle pouvaient se passer de religion, c'est assurément dans les chefs de l'armée qu'on devrait constater l'absence de sentiments chrétiens. Et cependant, loin de là, c'est dans les officiers supérieurs que nous retrouvons manifestées d'une manière plus frappante les convictions religieuses, soit que l'instruction et une saine éducation les aient développées, soit que l'expérience des hommes et la responsabilité qui pèse sur eux, en les mûrissant, les aient amenés à croire et à professer davantage la foi de leur enfance. A l'honneur de l'armée française (1), on peut dire que cette

(1) « Le soldat, disait en 1892, à Nantes, le général Fay, toujours prêt à verser son sang pour le salut de la patrie, a de hautes espérances. Il se refuse à dormir à jamais à côté du criminel et du lâche. Il croit fermement à une autre vie, à une vie meilleure, dans laquelle la fidélité à l'honneur, le dévouement à ses semblables, le courage devant l'ennemi seront certainement récompensés, puisqu'ils ne le sont pas toujours en ce monde, où l'on ne rencontre trop souvent que durs labeurs, chagrins profonds et mécomptes cruels. »

vérité s'applique surtout à ses chefs, et au milieu de bien d'autres aujourd'hui vivants, que leur modestie ne permettrait pas de nommer, les exemples cités dans ces pages en sont un brillant témoignage.

Le héros de cette notice en vient augmenter le nombre.

Alfred *de Gramont*, né à Paris, était issu d'une des plus illustres familles de France. Son grand-père fut capitaine des gardes des rois Louis XVI et Louis XVIII, et son père, le duc de Gramont, lieutenant général et aide de camp de Mgr le Dauphin. Sa mère, Mlle d'Orsay, était une des personnes les plus distinguées de l'Europe.

Entré à Saint-Cyr à dix-neuf ans, Alfred de Gramont en sortit sous-lieutenant dans l'infanterie au 14e de ligne. Successivement lieutenant, puis capitaine, il fut détaché de son régiment pour être nommé aide de camp du maréchal de Castellane, commandant de l'armée de Lyon.

Mais la guerre contre la Russie venait d'être déclarée. Aussitôt désigné comme capitaine à l'armée d'Orient, il se distingua dès le premier engagement, partagea tous les dangers des plus ardents d'entre les officiers, et fut blessé d'un coup de feu à la jambe devant Sébastopol.

Passé en Afrique après cette guerre, il était depuis peu en France quand fut commencée la campagne d'Italie. Toujours à la tête de ses soldats, il tomba à Magenta, atteint d'une blessure grave. Nommé lieutenant-colonel, puis colonel, dans tous les postes où s'exerça son commandement, les cavaliers découvraient sous la sévérité du chef, qui exigeait la discipline avant tout, le cœur du père des soldats, qui prenait part à leurs travaux, appréciait leur dévouement et les voulait récompenser. Partout, également, il leur fit sentir l'influence religieuse, qui le guidait dans ses actes comme dans ses pensées, dans la vie extérieure des camps et de la caserne comme dans sa vie intime.

Le grade de général allait récompenser ses services.

Enfin, vint la terrible guerre contre l'Allemagne, dans laquelle il fit partie du 7e corps d'armée, celui du général Douai. Dès premiers rendus, avec ses cuirassiers, sur le champ de bataille, le général de Gramont reçut les premiers chocs de l'ennemi. Ce vaillant assista à tous les combats livrés au début de cette malheureuse campagne. Envoyé au secours de l'armée de Mac-Mahon, il était là, à cette fameuse charge des cuirassiers de Reischoffen, où il précipita son régiment dans une avalanche de fer et de feu.

Nous reproduisons, d'après un écrivain célèbre, le récit de cette charge héroïque de la guerre de 1870-71.

« Alors le colonel du premier régiment, levant en l'air son sabre, cria d'une voix de tonnerre :

» — Chargez !

» Les trompettes sonnent, la masse s'ébranle... Lorsqu'on fut sur la crête du calvaire et que l'on commença à descendre de l'autre côté, vers la vaste plaine, on aperçut très nettement à un millier de mètres les carrés prussiens sur lesquels on les jetait. Bientôt ce fut une course diabolique, un train d'enfer, que le crépitement des balles accompagnait d'un bruit de grêle, en tapant sur tout le métal, les gamelles, les bidons, le cuivre des uniformes et des harnais... Le centre criblé, enfoncé par la fusillade, venait de fléchir, tandis que les deux ailes tourbillonnaient, se repliaient pour reprendre leur premier élan. C'était l'anéantissement fatal du premier escadron...

» La charge fut reprise, le deuxième escadron s'avançait dans une furie grandissante, les hommes couchés sur l'encolure tenant le sabre au genou prêt à sabrer. Deux cents mètres encore furent franchis au milieu de l'assourdissante clameur de tempête. Mais de nouveau, sous les balles, le centre se creusait, les hommes et les bêtes tombaient, arrêtaient la course par l'inextricable embarras de leurs cadavres. Et le deuxième escadron fut ainsi fauché à son tour, anéanti, laissant la place à ceux qui le suivaient.

» Alors, dans l'entêtement héroïque, lorsque la troisième charge se produisit, on se trouva mêlé à des hussards et à des chasseurs de France. Les régiments se confondaient, ce n'était plus qu'une vague énorme qui se brisait et se reformait sans cesse, pour emporter tout ce qu'elle rencontrait... Et, cette fois, derrière les deux cents mètres que l'on gagna de nouveau, les chasseurs reparurent couverts de morts et de mourants. Il y en avait dont la tête s'était enfoncée en terre. D'autres, tombés sur le dos, regardaient le soleil avec des yeux de terreur, sortis des orbites. Ici, c'était un grand cheval noir, un cheval d'officier, le ventre ouvert et qui tâchait vainement de se remettre debout, les deux pieds pris dans ses entrailles. Sous le feu qui redoublait, les ailes tourbillonnèrent une fois encore, se replièrent pour revenir acharnées. Enfin, ce ne fut que le quatrième escadron, à la quatrième reprise, qui tomba dans les lignes prussiennes... Mais derrière la première ligne prussienne il y en avait une autre, puis une autre, et puis une autre encore.

» L'héroïsme demeurait inutile ; ces masses profondes d'hommes étaient comme des herbes hautes, où chevaux et cavaliers disparaissaient. On avait beau en raser, il y en avait toujours. Le feu continuait avec une telle intensité, à bout portant que des uniformes s'enflammèrent. Tout sombra, un engloutissement parmi les baïonnettes, au milieu des poitrines défoncées et des crânes fendus.

» Les régiments allaient y laisser les deux tiers de leur effectif ; il ne restait de cette charge fameuse que la glorieuse folie de l'avoir tentée. »

Une nouvelle et grave blessure fut, pour le général de Gramont, la récompense de sa valeur, alors que tant d'autres officiers et soldats trouvèrent la mort dans cette terrible défense. Un éclat d'obus l'avait atteint si malheureusement que son bras gauche fut emporté jusqu'à l'épaule, et la désarticulation jugée nécessaire. Cette cruelle opération, l'officier supérieur la souffrit avec le même courage qu'il avait montré en face de l'ennemi (1). Pour comble de malheur, l'ambulance où il venait d'être opéré étant tombée au pouvoir de l'ennemi,

GÉNÉRAL DE GRAMONT

M. de Gramont fut fait prisonnier, et transporté avec peine, dans l'état de mutilation où il se trouvait, jusqu'à Munich où on l'interna pendant toute la durée de la guerre.

(1) Dans les études classiques, on cite souvent les traits d'héroïsme que nous ont laissés les Romains. On les apprend par cœur, et volontiers on les admire. Il ne faudrait pas en conclure que les grandes et belles actions,

Pour lui, la captivité fut plus cruelle que la souffrance causée par sa blessure et par l'opération. Il s'en consola en s'occupant d'améliorer le sort de ses soldats, et en se livrant aux exercices de la piété qu'il n'avait jamais omise dans les villes de garnison comme sur le champ de bataille.

De retour en France, après avoir vu la mort de si près, et éprouvé lui-même les malheurs qui accablaient notre patrie, le général reconnut la justice de Dieu s'appesantissant sur elle... Aussi, pour fléchir le courroux divin, le glorieux mutilé de Reischoffen voulut-il, plus que jamais, s'adonner aux exercices de la piété, au point qu'il fut pris en disgrâce par les sectaires alors au pouvoir. Dans les derniers temps de sa vie, le commandement de sa brigade de Tours lui fut enlevé, parce que, chaque dimanche, M. de Gramont avait l'habitude de se rendre en uniforme de général à la cathédrale pour entendre la messe.

Un jour, une notabilité politique, qui ne le connaissait pas

accomplies simplement, soient l'apanage exclusif de l'antiquité. Des faits semblables se passent tous les jours dans nos guerres modernes et ne sont pas moins admirables.

Voici le trait raconté par un des chirurgiens les plus distingués de l'armée française sur le Rhin en 1871 :

« C'était pendant le siège de Metz. Mon ambulance regorgeait de blessés. J'avais de nombreuses amputations à pratiquer, et nous manquions de chloroforme pour endormir les blessés. Je pris le parti de m'adresser aux ambulances allemandes; mais, soit que nos adversaires en manquassent eux-mêmes, soit pour toute autre raison, il me fut refusé. A peine de retour de cette inutile démarche, on apporte le capitaine X... sur une civière, le bras fracassé par un éclat d'obus :

» — Il va falloir couper ça, me dit-il, en montrant sa blessure qui était affreuse. Pas de temps à perdre.

» — Vous avez de la chance, capitaine, répondis-je, en faisant un effort pour dissimuler mon émotion. Il me reste encore assez de chloroforme pour insensibiliser deux blessés. Je vais vous en donner une dose, et vous ne souffrirez pas pendant l'opération.

» — Combien avez-vous d'amputations à faire ?

» — Plus de trente.

» — Et combien de doses de chloroforme ?

» — Deux seulement.

» Alors, avec un beau sourire, le capitaine me dit :

» — Gardez-les pour mes hommes. »

» Je n'éprouve aucun embarras à l'avouer, cette simple anecdote m'a fait verser des larmes.

» Heureuse la patrie qui possède de tels enfants. »

personnellement et se croyait spirituelle, parlant à un officier du général, lui dit à ce sujet :

— Bah ! votre général, pour un peu il servirait la messe.

— S'il le pouvait, je n'en doute pas, répond l'officier, mais il ne le pourrait.

— Ah ! et pourquoi ?

— Parce que, pour servir la messe, il faut avoir ses deux bras, et que notre général en a perdu un au service de la France.

Stupéfaction de l'esprit fort tout décontenancé et réduit au silence.

Aveugle ! qui ne peut comprendre que ce qui donne aux hommes un tel dévouement à se sacrifier pour la patrie, ce n'est pas l'éducation civique, ce n'est pas même la seule noblesse du cœur, ni le courage naturel. Non, une telle vertu dépasse d'ordinaire les forces de l'homme. Pourquoi ne pas élever l'esprit plus haut afin d'expliquer des sentiments trop grands pour être seulement terrestres ? Pourquoi ne pas apercevoir, avec le sens religieux, l'ange de la patrie planant au-dessus des masses lancées contre l'ennemi, couvrant les combattants de ses ailes et leur inspirant la force qui descend du ciel, celle qui fait les héros, et rend les nations, comme les âmes chrétiennes, grandes et puissantes devant le Seigneur.

Le glorieux soldat est mort en 1890.

JURIEN DE LA GRAVIÈRE

AMIRAL, SÉNATEUR, DE L'ACADÉMIE FRANÇAISE ET DE L'INSTITUT

(1812 — 1892)

« Les vrais savants sont humbles, et tous, avec Newton, s'inclinent profondément devant le Dieu dont ils retrouvent les traces à tous les coins du globe. » (DE MONTALEMBERT).

Marin intrépide, cœur loyal et dévoué, esprit élevé et charmant, et, par-dessus tout, savant de premier ordre et chrétien convaincu, telle est cette belle figure qui disparaissait en 1892.

Jurien de la Gravière, né à Brest, en 1812, eut pour père un marin fort distingué, qui fut lui-même vice-amiral, préfet maritime et pair de France. Celui-ci laissait à son fils de beaux exemples, car il avait pris une part glorieuse à toutes les guerres de la Révolution et de l'Empire, notamment au combat des Sables d'Olonne en 1809 (1). Le jeune de la Gravière, en 1828, sortait de l'Ecole navale comme aspirant et commençait son apprentissage maritime sur une frégate à voiles, l'*Aurore*, chargée de réprimer la traite des nègres sur les côtes du Brésil.

Le voilà donc, ardent et joyeux, lancé dans cette carrière qu'il devait illustrer à son tour. Mais déjà les dangers de la navigation et du climat deviennent un obstacle à ses désirs. Pris de la fièvre, il dut être rapatrié après deux ans de navigation. Pour lui, c'était à peine sortir du port.

Bien durs furent ses débuts; mais le jeune marin avait déployé pendant ce premier voyage les qualités maîtresses du marin, le sang-froid et la décision dans le danger.

(1) Un des plus beaux faits d'armes de la marine française, au commencement de ce siècle, fut le combat naval qui eut lieu le 24 février 1809, dans la rade des Sables-d'Olonne.

Napoléon Ier avait réuni une flotte imposante devant l'île d'Aix, dans le but de tenter une expédition vers les Antilles. Pour mieux assurer le succès de l'entreprise, le capitaine Jurien de la Gravière, commandant l'escadre de Lorient était sorti de ce port avec trois frégates. Arrivé près de Belle-Isle, il rencontra une escadre anglaise composée de nombreux vaisseaux de guerre. Craignant d'être enveloppé par ces forces supérieures, le capitaine français se réfugia dans la rade des Sables et s'adossa contre la plage entre les deux batteries de l'estacade et du fort Saint-Nicolas. Une demi-heure après qu'il eut jeté l'ancre, arrivait l'escadre anglaise qui aussitôt engagea la lutte.

On se foudroya de part et d'autre avec un acharnement extraordinaire. Sur toute la rade s'élevait d'immenses tourbillons d'une fumée noire que sillonnaient de leurs éclairs redoublés des explosions formidables. Toute la ville émue contemplait cet effrayant et glorieux spectacle, et les braves Sablais mêlaient leurs cris de : *Vive la France! Vive l'Empereur!* à ceux des vaillants combattants. A la fin, après trois heures d'un combat héroïquement soutenu par nos trois frégates, les Anglais furent obligés d'opérer leur retraite, qui sembla une fuite. Après le départ de l'ennemi, le capitaine Jurien entra dans le port des Sables, au milieu des acclamations enthousiastes de la population sablaise.

Sa santé rétablie, de la Gravière reprend la mer et va rejoindre à Navarin où le commandant Lalande le prend avec lui sur la *Résolue*. En janvier 1833, à l'âge de vingt et un ans, il était enseigne et naviguait pendant trois ans sous les ordres de Lalande, à bord de la *Ville-de-Marseille*.

Ce fut l'heure où le jeune marin se sentit attiré vers les lettres : en cela, il n'était pas approuvé par son chef supérieur. Avec sa familiarité paternelle et soldatesque, Lalande lui tint ce langage :

— Tu as donc toujours des projets de l'autre monde. Tu veux écrire? Il me semble que tu t'y prends un peu tard, vois-tu! *Pour faire l'article*, il faut que cela vienne de jeunesse, comme le cafaltage. Je te l'ai toujours dit : passé vingt-cinq ans, on n'est plus qu'une vieille bête.

C'était beaucoup dire, ajoute ici M. de Mazade, et on en conviendra. Le brave amiral en a été pour sa boutade. Il ne fut pas écouté, et de la Gravière a prouvé depuis qu'on peut être un excellent officier de marine et du même coup un habile écrivain.

A vingt-trois ans, un petit navire avait été confié au jeune aspirant, le *Furet*, un *cutter* (1) qui faisait partie de l'escadre de la Méditerranée. Là, de la Gravière dut faire ses preuves. Livré à lui-même pour la première fois, il apprit à commander seul à un âge où d'ordinaire les autres officiers ne commandent qu'en sous-ordre; mais ses connaissances spéciales, son amour du devoir, sa prudence et son activité lui avaient acquis déjà l'estime, l'affection même de ses chefs, et son avancement allait devenir rapide.

Bientôt, c'est un brick-aviso qui lui est confié, la *Comète*, avec laquelle il fallut faire le relevé des côtes de Sardaigne. Pendant quinze mois, l'officier de marine fut occupé à ce travail, et, pendant ce temps il apprit véritablement l'existence pénible du marin, car il eut à subir une des plus terribles

(1) Petit navire de guerre à un mât et une voile.

tempêtes de ce siècle. Néanmoins, grâce à sa science nautique, il put ramener son navire intact, du moins sans grosses avaries.

Sa récompense fut le grade de capitaine de corvette. L'amiral Roussin le prend alors comme aide de camp. Ses travaux sur les côtes de Sardaigne, exécutés avec un soin extrême et constatés par ses chefs, lui valurent plus tard le commandement de la *Bayonnaise*, chargée à la fois de représenter la France dans les mers de Chine, et de faire des travaux hydrographiques. Cette double mission, Jurien de la Gravière l'accomplit à la satisfaction du Ministre de la guerre. Actuellement un tel voyage ne paraît périlleux en aucune façon, et combien de navires l'exécutent journellement ! Mais pour juger du mérite de l'officier de marine, il faut se reporter à quarante ans en arrière, et songer qu'à cette époque nous envoyions peu de vaisseaux de guerre en Extrême-Orient, que les cartes étaient incomplètes, et que, par suite, les marins chargés de missions dans ces contrées allaient naviguer dans des parages qui leur étaient presque inconnus.

Sous le titre de *Voyage en Chine*, De la Gravière fit paraître le récit de son expédition dans la *Revue des Deux-Mondes*, et rapporta sur les côtes de ces mers des renseignements les plus précis, dont, depuis lors, les marins de toutes les nations ont largement profité.

A son retour de Chine, l'officier de marine fut nommé capitaine de vaisseau chargé de diriger l'école des canonniers à bord de l'*Uranie*.

C'est alors qu'éclata la guerre de Crimée, et comme chef d'état-major de l'amiral Bruat, on le retrouve sur la mer Noire, où il fit toute la campagne et dressa le plan de la fameuse opération de Kinburn, la dernière action importante. Mais l'amiral Bruat étant mort subitement sur son vaisseau, De la Gravière fut chargé de ramener en France le corps de son chef. A son arrivée à Toulon, il recevait sa nomination au grade de contre-amiral.

L'Empire venait de déclarer la guerre à l'Autriche : Jurien de Gravière reçut la direction de nos forces navales dans l'Adriatique. Mais la prompte signature de la paix paralysa l'action de notre marine, qui n'eut pas le temps de jouer un rôle notable : le blocus de Venise fut la seule opération de l'amiral.

Alors, éclata la guerre du Mexique à laquelle il devait prendre une part capitale. Napoléon III lui avait confié le commandement du corps expéditionnaire envoyé à la Vera-Cruz, de concert avec les flottes d'Angleterre et d'Espagne, dans le but d'appuyer les revendications faites au nom des puissances alliées. Celles-ci étaient résolues à mettre le gouvernement mexicain en demeure de tenir les engagements pris envers les nationaux français, anglais et espagnols, dépossédés et expulsés par suite de la révolution qui sévissait en ce pays. Cette campagne ne fut pas approuvée par l'amiral. Aussi, dès que l'Angleterre et l'Espagne, d'abord associées à nous, se fussent retirées en présence des difficultés qui se présentaient, frappé également des risques de l'expédition, il crut de son devoir de signer avec Juarès la convention de Soledad qui sauvegardait les intérêts et la dignité de la France. En même temps des observations bien fondées étaient faites à Paris : malheureusement les intrigues de Bazaine, dit M. de la Faye, l'emportèrent aux Tuileries sur les sages conseils du prudent marin. Des troupes nouvelles furent envoyées.

L'amiral, sans se démettre de son commandement, demanda à revenir à Paris, afin d'exposer de vive voix ses projets à l'Empereur. La cour était à Fontainebleau. Là, on n'ignorait pas que l'amiral revenait avec des idées opposées à celles qui prédominaient à Paris. A son arrivée le vide se fit presque autour de lui : les flatteurs du pouvoir s'éloignaient. Bientôt parut l'Empereur : allant au-devant de l'amiral les deux mains tendues, celui-ci lui fit un accueil plein de bienveillance et l'entretint longtemps. Il eut le courage d'entendre les conseils pleins de franchise du vaillant marin qui voulait éviter à la France de grands malheurs, non celui de les suivre. Lorsque Jurien de la Gravière eut pris congé du souverain, tous ceux qui, peu auparavant, semblaient pour lui de glace le vinrent trouver, le félicitant sur l'heureux succès de son entrevue.

Le soleil a de ces effets subits et magiques lorsqu'il se dégage des nuages pour briller à l'horizon.

Avec un dévouement rare chez d'autres, mais habituel chez lui, le courageux amiral retourna au Mexique, non pour y combattre en commandant supérieur, mais comme simple chef des opérations maritimes. Pour un chrétien tel que l'amiral, de pareils sacrifices coûtent peu. Si grande était l'abnégation, si profonds son respect pour l'autorité et le sentiment du devoir, qu'il ne lui fut point pénible d'accepter le second rang. Son action navale était simplifiée : elle se bornait à prendre les villes de Campico et d'Alvarado, puis de croiser sur les côtes mexicaines.

Jurien de la Gravière a écrit, qu'un soir, un navire essaya de forcer le blocus. On allait tirer sur lui quand il donna l'ordre de s'arrêter. Un grand malheur fut évité, qui eût mis fin subitement à la tragique épopée de cette malheureuse guerre, car l'Empereur Maximilien était à bord du navire que nos marins allaient couler.

Au retour de l'amiral en France, l'Empereur Napoléon qui connaissait son dévouement pour sa personne et sa dynastie, se l'attacha en qualité d'aide-de-camp, fonctions que l'amiral occupa jusqu'à la fin de l'Empire, tout en commandant, de 1868 à 1871, l'escadre d'évolution. Tous les honneurs alors vinrent à lui : grand officier de la Légion d'honneur, sénateur, commandant d'escadre, membre du Conseil de l'amirauté, partout, dans ces fonctions, brillèrent les qualités d'ordre, de précision, de franchise, qui en sa personne étaient toujours dominantes.

Vertus guerrières et privées, travaux et campagnes furent rappelées avec éloquence par M. de Mazade au moment de sa réception à l'Académie :

« Depuis le jour où, pour la première fois, vous avez mis le pied sur un navire, sur une de ces frégates dont les vieux matelots vous contaient les combats légendaires, depuis ce jour, que d'événements se sont passés pour votre patrie et pour vous, Monsieur ! Tout a changé. Vous avez mené, à travers tous ces changements, votre vie de marin, servant toujours votre pays, qui, lui, ne change jamais pour vous, passionément attaché à votre état.

» On vous retrouve partout : jeune homme plein de feu, apprenant votre métier sous des chefs éprouvés, vous essayant à votre tour au commandement sur *le Furet*, en assurant, avec votre agile aviso *la Comète*, le service de l'escadre du Levant. Puis, bientôt, vous voilà brillant capitaine de *la Bayonnaise*, chargé d'aller porter le pavillon de la France dans l'Extrême-Orient, battant, pendant plus de trois ans, les mers de Chine.

» Encore quelques années, et, comme chef d'escadre de la mer Noire, vous avez votre place glorieuse dans la campagne de Crimée. La guerre d'Italie vous trouve contre-amiral, chargé du blocus de Venise, et avant peu vous avez le commandement aussi délicat que périlleux de l'expédition du Mexique. A chaque pas de votre carrière, vous avez donné la mesure de votre mérite, et chaque grade conquis par vous a été le juste prix de nouveaux services.

» Ce secret de vos succès est bien simple, quoi qu'il ne soit pas, je le crains, à la portée de tout le monde. Votre secret, d'abord, est que vous avez aimé votre glorieux métier. Vous l'avez aimé, cela va sans dire, en homme intelligent qui, à travers toutes les questions techniques, voit l'art, le grand art de la guerre navale; vous l'avez aimé aussi d'instinct dans toute la force de vos facultés. Vous avez connu ce que vous appelez vous-même « les joies de la manœuvre, » les plaisirs « d'un appareillage réussi; » vous avez éprouvé ce qu'il y a d'émotion virile et de fierté satisfaite à conduire un navire, une escadre à travers toutes les difficultés. Et en aimant votre métier, vous l'avez toujours fait avec entrain, avec bonne humeur, en homme qui ne cache pas son penchant pour les héros « gais et familiers. »

Quelques anecdotes pour terminer la vie politique et militaire de l'amiral.

Lorsque, en 1867, le roi de Prusse vint à Paris, l'Empereur avait chargé Jurien de la Gravière de s'occuper tout particulièrement de M. de Bismarck, pour qui on avait sujet de craindre quelques manifestations désagréables. La foule, massée près de la gare du Nord, acclama les souverains; mais à peine la voiture du prince de Bismarck parut-elle que des cris et des sifflets se firent entendre. Le ministre prussien avait assez de finesse pour ne pas paraître s'en apercevoir :

— Nous autres, hommes politiques, dit-il à l'amiral, nous ne saurions plaire à tout le monde. Il faut en prendre son parti!

Et il parla sur un autre sujet.

Si Napoléon avait l'amiral en grande estime pour sa droiture, sa loyauté et son attachement à sa personne et à sa dynastie, l'Impératrice le considérait comme un ami véritable, avec lequel on aime à s'entretenir et à penser tout haut. Aussi l'eut-elle pour guide aux eaux de Schwalbach, en Allemagne, en 1864.

Au 4 septembre, quand l'émeute la menaça, il accourut des premiers auprès d'elle. Lorsque les Tuileries étaient déjà envahies, et qu'il ne devait plus songer qu'à préserver les jours de l'Impératrice, comme on cherchait les moyens les plus favorables pour quitter Paris sans éclat, l'amiral proposa de descendre la Seine sur *la Puebla*, une petite canonnière à vapeur :

— Hélas! mon cher amiral, vous n'y songez pas, dit l'Impératrice. A la première écluse, on me cueillerait comme une violette.

L'amiral alors propose d'aller à Lorient où un bâtiment de la flotte, mis aux ordres de Sa Majesté, la transporterait hors de France. Pendant que ces divers projets sont discutés, l'ambassadeur d'Autriche, prince de Metternich, et l'ambassadeur d'Italie, le chevalier Nigra, sont introduits.

— Nous venons offrir à l'Impératrice notre sauvegarde, dit ce dernier.

L'Impératrice accepte, et, comme l'amiral s'approche de l'ambassadeur d'Autriche pour obtenir son concours :

— Soyez sûr, dit le prince de Metternich, que je réponds de tout. Du reste, amiral, vous pouvez accompagner Sa Majesté.

De la Gravière quitta les Tuileries l'un des derniers, après avoir vu l'Impératrice s'éloigner au bras de l'ambassadeur d'Autriche et après avoir reçu, de lui et de M. Nigra, l'assurance formelle que le départ de l'Impératrice serait entouré de sécurité et de dignité convenables. La fidélité aux amis malheureux, aux souverains déchus, n'est-elle pas la marque d'un grand et noble cœur? Cette constance dans un dévouement sans bornes honore grandement l'amiral.

Un jour, après les désastres de la terrible guerre, l'amiral a écrit ces patriotiques paroles :

« L'éclipse que nous subissons sera plus ou moins longue; la France est destinée à sortir de cette ombre et nos enfants auront peine à comprendre nos découragements. Au milieu des amertumes dont nos cœurs débordent, c'est sur l'avenir que je veux fixer les yeux. Cet avenir nous ne le verrons pas : mais vous, pour qui le Ciel, dans ses mystérieux desseins, le prépare, prenez garde qu'il ne vous surprenne. N'imitez pas les vierges folles de l'Évangile, dont les lampes n'avaient plus d'huile quand l'époux arriva : veillez, car qui sait le moment où l'on viendra vous dire : L'heure est proche. Veillez et conservez soigneusement vos grandes institutions. La marine de demain n'a rien à envier à la marine d'aujourd'hui. »

L'officier de marine parlait avec l'émotion du patriote qui voit la France humiliée et prête d'être effacée du nombre des grandes nations; il parlait également avec la fermeté prévoyante de l'homme d'expérience. Et on pouvait croire à ses salutaires avis, quand on aperçut, dans un horizon lointain de gloire, la figure virile de Courbet, qui, dans l'Extrême-Orient, a fait connaître, un instant, à la France les premiers sourires de la victoire renaissante.

L'amiral Jurien de la Gravière ne fut pas seulement le brillant officier de marine, l'aide de camp dévoué de Napoléon III, dont on recherchait à la cour la conversation fine, élégante, spirituelle; c'était un lettré et un érudit.

Marin, il l'était à un degré élevé, mais beaucoup d'officiers de mer le sont également. Il fut, de plus, un véritable savant. L'Académie des Sciences l'avait apprécié de bonne heure, car dès 1866, elle l'appelait dans son sein. L'Académie française, à son tour, l'avait élu en 1887.

Ces deux sociétés de savants ne pouvaient mieux se compléter que par la nomination de ce chef éminent de la flotte française, qui voyait pour la première fois les portes de l'Académie ouvertes à un représentant de notre vieille marine. Cette double élection honorait en Julien de la Gravière un talent littéraire et technique d'une haute valeur, comme le prouvait le choix des deux Académies. Aussi bien, les félicitations que M. Janssen, président et interprète de l'Académie des Sciences, adressait au nouvel élu, sortaient-elles des compliments ordinaires et des simples politesses. Dans la bouche de ce savant, elles prenaient une valeur singulière, comme penseur et comme écrivain. L'homme d'action et l'homme d'étude se confondaient en lui pour le grandir et le distinguer parmi les autres officiers supérieurs de la marine. Tous deux, au reste, n'avaient qu'un même objet.

— Marin, a-t-il dit un jour, j'ai pensé que j'étais appelé à parler avant tout de la marine.

Et on peut juger avec quel succès il l'a fait dans les nombreux ouvrages qui ont forcé les portes des Académies (1).

Esprit libéral et droit, d'une intelligence supérieure, l'amiral de la Gravière, bien que faisant partie de l'ancienne marine, a marché avec le progrès, et aucun des perfectionnements que la science moderne avait apportés ne lui était inconnu. C'est ce que lui rappelait avec esprit M. de Mazade dans son discours de réception à l'Académie :

« Vous avez l'avantage de ne parler que de ce que vous savez, de ce qui a passionné votre vie : c'est ce qui fait le charme de vos écrits. Vos ouvrages, aussi variés que nombreux, ne sont, à dire vrai, que les fragments d'une histoire de cette marine que vous faites revivre dans ses épisodes les plus dramatiques, dans tous ceux qui l'ont illustrée depuis un siècle.

» Assurément, l'heure du repos n'était pas venue pour votre vive et forte nature trempée dans toutes les épreuves de l'action. Le privilège de vos commandements vous a fait maintenir dans le cadre d'activité, et, s'il le fallait, vous seriez tout prêt encore à faire campagne. Vous vous êtes décidé, pourtant, à ce que j'appellerai une retraite relative. Est-ce bien une retraite? C'est à peine le repos d'un instant. Jamais votre esprit n'a été plus actif et ne s'est plus vivement intéressé aux affaires de votre état, à l'histoire de votre grand art militaire et naval.

(1) On peut citer : *Souvenirs d'un amiral; Guerres maritimes de la République et de l'Empire;* la *Marine d'autrefois;* la *Marine d'aujourd'hui;* la *Marine à rames;* la *Station du Levant,* les *Conquêtes d'Alexandre Doria, de Barberousse, etc.*

Depuis quelques années, depuis que vous êtes censé vous reposer, vous avez donné à la *Revue des Deux-Mondes*, votre complice depuis votre jeunesse, une série d'études d'un ordre inattendu.

» Vous nous avez raconté les campagnes d'Alexandre. Vous avez pénétré le secret de la marine des Ptolémées et de la marine des Romains, de Philippe II et de la puissance navale de Venise. Vous avez parlé de ces choses anciennes en savant homme : je crois bien que, dans le fonds, vous ne songez qu'au présent, en même temps qu'à l'avenir, et les brûlôts d'autrefois vous font songer aux torpilleurs. Étudier l'histoire, pour vous, c'est lui demander la lumière pour aller toujours en avant, et ce serait bien peu vous connaître que de vous croire disposé à tourner le dos à votre temps et à renier les nouveautés d'un siècle en travail. »

Au reste, cet homme d'action, dont la vie tout entière s'était passée sur mer, avait bien droit à quelque repos. Mais si son corps y devait trouver un peu de tranquillité, son esprit ne fut pas pour cela inactif : en le voyant laisser la pratique de la marine, ni les deux Académies, ni les académiciens n'eurent à le regretter. L'amiral allait se donner sans réserves à ces nobles labeurs de l'intelligence où son corps se reposerait doucement. Et, quand le choix de ses collègues et son tour de faveur l'appelèrent à présider l'Académie des Sciences, avec quel bonheur, avec quelle habileté il dirigeait les travaux de l'illustre assemblée, sans cesse occupé à découvrir les secrets de la nature pour en tirer le moyen d'être utile à l'humanité. Quelle joie, notamment, quand l'illustre Pasteur venait, tout ému, communiquer le résultat de ses grandes découvertes ! Par exemple, dans cette séance du 2 novembre 1886, où le savant présenta une note détaillée sur son traitement de la rage et fit connaître les résultats obtenus sur près de trois mille personnes soignées à son laboratoire. Comme l'illustre amiral applaudissait aux efforts de la science pour conjurer la terrible maladie! Joies bien douces pour les esprits cultivés et ouverts comme le sien aux conquêtes de la science nouvelle.

On peut juger de l'ardeur avec laquelle Jurien de la Gravière s'était jeté dans l'étude des diverses sciences, et combien vastes étaient ses connaissances, quand on l'entend

JURIEN DE LA GRAVIÈRE

parler et discourir savamment dans la séance du 27 décembre 1886 sur la chimie, la physique, la géologie, la paléontologie, sciences qui pourraient être secondaires ou même inconnues à l'homme de mer.

Écoutons cette parole grande et chrétienne rendant hommage

devant l'élite des savants « au principe immortel et divin » (1) :

« Quand l'homme apparut, la surface de notre planète était depuis longtemps occupée. Jeté nu, sans défense, sans armes naturelles, sur cette terre qu'il venait disputer à des monstres dont l'hydre de Lerne et le sanglier d'Érymanthe n'ont été que le souvenir affaibli, comment l'homme a-t-il pu soutenir la lutte qui, pour tant d'autres espèces supérieures à la sienne par la force, par l'agilité, par l'acuité des sens, devait aboutir si promptement à la destruction totale.

» L'homme a lutté pourtant : il a lutté et il a vaincu.

» Ce qui sauva notre espèce dans sa détresse extrême, ce fut, — laissez-moi emprunter les expressions mêmes d'un de nos confrères, d'un oracle en fait d'anthropologie, de M. de Quatrefages, — ce qui sauva notre espèce, ce fut « le je ne sais quoi qui fait, d'un organisme tout animal, un homme. »

» Loin de moi la pensée de blâmer la circonspection respectueuse de la science ; je réclame seulement le bénéfice de mon ignorance ; j'ai le droit d'être plus audacieux que vous, parce que mes paroles n'ont pas la même portée. Ce qui sauva l'homme, ce qui lui garantit tout à la fois la vie et l'empire, votre *je ne sais quoi* en un mot, ne serait-il pas simplement le principe immortel et divin dont tant de grands esprits ont eu l'intuition et ont proclamé l'existence ? Si tout ce qui respire est destiné à se perdre un jour dans la masse confuse de l'univers, si rien ne nous distingue du reste des animaux, comment osons-nous encore nous arroger le droit de torturer nos frères ? La chasse ne devient-elle pas un meurtre, la vivisection un crime ? »

Puis, il continue par une revue des progrès de la marine, exprime son regret de voir disparaître nos beaux voiliers et maudit l'ignoble torpille. Il termine en saluant la science et le dévouement de ses confrères les marins français.

Il faut savoir gré à l'amiral du courage qu'il a montré, à

(1) Séance publique annuelle de l'Académie des Sciences du 27 décembre.

l'exemple de Jean-Baptiste Dumas, de Chevreul, de Pasteur et de tant d'autres, en proclamant ses convictions spirituelles à la face du monde savant. Ne devons-nous point ensuite nous étonner qu'après une longue vie de labeurs de près de quatre-vingts années, il ait voulu mourir en chrétien, comme il le fut toujours.

Le 5 mars 1882, après une longue et cruelle maladie supportée avec la plus admirable résignation, l'amiral s'éteignit pieusement entre ses enfants et ses petits-enfants, auxquels il a légué avec son nom l'exemple de ses hautes vertus. La bénédiction du Père commun des fidèles était venue consoler sa dernière heure. Ses funérailles eurent lieu avec l'extrême simplicité qu'il avait désirée, et sans aucun discours. L'humilité du défunt n'empêchera pas ses souvenirs de vivre dans les cœurs de tous ceux qui l'ont connu.

Deux points de la vie de Jurien de la Gravière ont été traités d'une manière pittoresque par son successeur, M. Lavisse, dans son discours de réception à l'Académie : son antipathie pour la marine à vapeur et ses sentiments religieux. Nous en citerons les plus beaux passages pour clore cette notice.

Bien saisissante cette peinture de la lutte, qui se livre dans l'âme de l'amiral, entre son amour pour la marine d'autrefois et les nécessités de la nouvelle.

« Il aimait la vieille marine par tradition de famille. Son père était contre-amiral et préfet maritime au moment où lui-même faisait, en 1829, sa première campagne d'aspirant. Il l'aimait aussi, parce qu'il la trouvait belle.

» La première fois qu'il eut affaire avec un bateau de la marine nouvelle, il lui rit au nez. Il naviguait de Toulon vers Cadix sur l'*Iéna*, vaisseau à voiles, auquel on avait adjoint, pour le remorquer, un bateau à vapeur, le *Phare*. L'*Iéna* daigna plusieurs fois accepter les services du remorqueur; mais à peine la brise s'élevait-elle, il rejetait le câble inutile, et les officiers, parmi lesquels le lieutenant Jurien, s'amusaient de voir et d'entendre le pauvre gros *Phare*, sous la fumée qui salissait ses voiles, s'essoufflant, roulant et tanguant.

» — Jamais, disait le lieutenant Jurien, on ne fera rien de bon de cette marine-là.

» Mon Dieu! cela s'appelle, il faut bien que je l'avoue, n'être point bon prophète; mais, avant de reprocher aux marins d'alors leur répugnance pour la machine, dites-moi si vous aimez l'automobile charrue à vapeur, et la faucheuse ou bien le semoir, qu'un charretier traîne, indifférent à sa besogne, comme nos balayeurs leur appareil à déplacer la poussière de nos rues, et la batteuse, cette grosse armoire qui secoue le blé dans un tiroir avec un bruit stupide, ou si vous préférez, dans le silence des champs, la charrue attelée du couple de bœufs, ou l'escouade alignée des faucheurs, balançant la faux sur laquelle versent les épis, et le semeur qui lance la graine au sillon de son « geste auguste, » et les batteurs en grange, qui brandissent le fléau et frappent la gerbe, ahanant et geignant, comme pour exprimer la douleur du travail de l'homme. Sur terre et sur mer, combien de beautés tuées par la machine! Une poésie s'en va, qui naissait du contact de l'homme avec la nature, de notre corps à corps avec le sol, le flot et le vent; et de la vieille croyance que la sueur du front de l'homme doit, d'ordre de Dieu, tomber sur le travail de ses mains. Pardonnez donc au lieutenant Jurien d'avoir méprisé « l'usine flottante, » du bord de son navire frissonnant et filant sous ses ailes. »

M. Lavisse raconte ensuite comment, devant l'expérience de Sébastopol, Jurien de la Gravière, qui n'aimera jamais la machine, mais qui a cessé de rire d'elle, lui trouvant la mine très sérieuse, recommence ses études et se soumet à la machine, dont il prévoit les progrès nouveaux.

« Il lui demandait seulement, mais avec de grandes instances, une toute petite chose, qui était de ne pas prétendre supprimer, dans la marine, le marin. Il a répété plus de cent fois que la principale éducatrice des gens de mer sera la mer toujours. Il se plaignait que l'on exigeât du futur officier trop de science de trop bonne heure, et il disait à son petit-fils, en étudiant avec lui le programme des examens de l'École navale :

» — Je ne me chargerais pas de passer ces examens-là.

» Ah! les programmes d'examens, Messieurs! Je crois bien savoir comment cela se rédige. Un certain nombre de personnages, vieillis comme moi dans l'étude de quelque spécialité, se réunissent autour d'un table. Chacun apporte sa partie de programme; il trouve longue celle du voisin et que celui-ci en exagère l'importance; on discute, quelquefois même on se querelle un peu, mais tout s'arrange à la fin, comme il convient entre hommes bien élevés et pressés. Les listes sont mises bout à bout, et la commission publie le programme d'une encyclopédie. Alors des candidats par centaines ou par milliers peinent sur la besogne énorme. Il faut bien, dit-on, hausser la difficulté en proportion du nombre des candidats qui monte sans cesse. Mauvaise excuse! Faiseurs de programmes et juges d'examens, nous oublions qu'après les études il y a encore la vie pour apprendre. Certainement, nous oublions la vie. Et ceux qui voient chaque année des visages pâlir, des jeunesses sans liberté, sans fantaisie et sans joie, des printemps épuisés à produire les fruits de l'automne, ont peur que nous n'énervions l'énergie vitale, chose utile pour vivre. »

Le nouvel académicien achevait ainsi l'éloge de l'amiral dont la politique était, dit-il, *la paix entre les forts, la pitié envers les faibles.*

« Hélas! cette vue optimiste des choses était obscurcie par des réalités trop visibles et trop fortes pour qu'il n'en fût pas troublé, mais alors il se réfugiait dans sa foi en la Providence. A la Providence, il croyait en toute simplicité. Elle apparaît à chaque page de ses livres, même à des endroits inattendus, pour expliquer, par exemple, la passion de l'*opium*, sans laquelle la Chine refuserait toute relation avec le reste de l'humanité. Et la Providence n'était pas pour lui la fonction d'un Dieu de philosophes ; il était chrétien, il était catholique. Dans la préface de son dernier livre, où il s'excuse presque d'avoir trouvé des talents de capitaine à Julien l'Apostat, il écrit :

« Catholique soumis, j'en suis resté aux enseignements de » mon Catéchisme. »

» Il ne voulait rien connaître des controverses embarrassantes, et si des clartés douloureuses — le mot est de lui — s'offrait à son regard, il fermait les yeux. Et c'est ainsi qu'il demeura tranquille dans sa vie, calme devant la mort.

» Messieurs, c'est là une sagesse très simple, je le sais bien ; et il serait trop facile d'opposer à chaque article de ce *Credo* les négations ou les affirmations contraires de la philosophie de notre temps et ses sourires, ou même les doutes d'hommes, respectueux de l'idéal ancien, mais qui ouvrent les yeux à toutes les clartés nouvelles et ne veulent pas sentir de douleur à regarder la lumière. Mais une vie comme celle de l'amiral n'a rien à redouter du jugement d'aucune philosophie ni de personne. Ne faudra-t-il pas toujours travailler, servir son pays et l'humanité, toujours aspirer vers Dieu ? »

LALLEMAND

GÉNÉRAL DE DIVISION

(1818 — 1893)

« Je ne veux pas paraître devant Dieu sans être muni d'un billet de logement. »
(Général LALLEMAND).

Encore un de nos vétérans des guerres d'Afrique qui vient de disparaître. La légion de ces braves s'affaiblit rapidement, et désormais il ne restera que quelques survivants des combats qui ont acquis à la France un sol d'une si grande valeur, l'Algérie. Terre magnifique, que la Providence semble avoir réservée pour en faire le plus riche joyau de notre couronne coloniale; terre privilégiée, assise entre la mer, le désert et les montagnes; pays riche et fertile, avec la végétation luxuriante de ses oliviers séculaires, de ses palmiers, de ses orangers; contrée des plus beaux souvenirs, jadis conquise par Rome et civilisée par le Christianisme, mais devenue depuis, sous le joug de Mahomet, la forteresse de la piraterie et de la barbarie.

Quel gigantesque champ de bataille! et pour quelles luttes! Pour des luttes sans cesse renouvelées où il faut fournir des étapes prodigieuses sous un soleil de feu ou contre le vent du désert, dans le sable brûlant ou dans la boue; avoir devant soi tout l'inconnu d'un pays inexploré, franchir ravins et rivières, endurer la soif et la faim, se battre sans cesse contre un ennemi insaisissable, d'une bravoure héroïque, qui continuellement harcèle nos colonnes, tantôt tombant sur elles à l'improviste, tantôt les fuyant avec la vitesse du vent, sur ces rapides chevaux de sang arabe, contre un adversaire qui défend avec désespoir ses déserts comme les défilés de ses montagnes et les remparts de ses places fortes.

Le général *Lallemand* passa la plus grande partie de sa vie dans ces guerres difficiles où tous les soldats ne sont pas aptes à combattre.

Né à Éteignières (Ardennes), en 1818, le jeune Lallemand choisit de bonne heure la carrière militaire et entra à Saint-Cyr. Sorti de cette école avec le numéro 2 de la promotion de 1839, il fut destiné au corps d'état-major, où, dès le début de sa carrière, ses qualités exceptionnelles et brillantes le signalent à ses chefs. L'Afrique le vit donner la mesure de sa valeur et rendre les plus grands services dans la conquête, comme plus tard, dans la pacification de notre colonie africaine; c'est là également que les généraux Cavaignac et Pélissier l'apprécient de suite comme un officier d'état-major accompli.

En 1845, le colonel Géry, dans son rapport au gouverneur général de l'Algérie sur les opérations de la colonne envoyée dans la province d'Oran, le cite parmi les officiers qui se sont particulièrement fait remarquer par leur énergie dans les circonstances difficiles; il est bientôt chevalier de la Légion d'honneur.

Successivement aide de camp du général Thiéry et du général Bosquet, ses services sont utilisés principalement pour la conduite de nombreuses expéditions en Kabylie (1). Ce dernier s'en sépare avec peine, quand, en 1853, le jeune officier est attaché à l'état-major de la division d'Alger; et lorsque survient la guerre de Crimée, le général Bosquet, nommé au commandement de la deuxième division d'Orient, attache de nouveau à sa personne son ancien aide de camp, devenu chef d'escadron. C'est lui qui, pendant l'expédition de la Dabroutcha, sauva le commandant Lallemand atteint du mal qui décima si cruellement l'armée française.

Lieutenant-colonel et officier de la Légion d'honneur en 1855, après la campagne de Crimée, colonel en 1860, Lallemand resta constamment en Algérie jusqu'en 1870. Parlant couramment l'arabe, il a rendu les plus grands services à la colonie africaine qu'il connaissait à fond, dans le commandement des subdivisions d'Aumale et d'Orléanville. Ce fut dans ces dernières fonctions que vint le surprendre la guerre de 1870. Servir contre l'Allemagne est son plus grand désir, mais on le destine à l'Algérie qu'il ne faut pas dégarnir pendant cette funeste époque :

— La seule chose que j'aie demandée pour moi dans ma carrière m'a été refusée, répétait-il souvent.

Le guerrier que nous regrettons est tout entier dans cette

(1) Bien avant l'arrivée des Français en Algérie, les habitants des villages kabyles, perchés sur les cimes de leurs montagnes où ils sont encore demeurés, se croyaient à l'abri des poursuites des Français. Sur ces hauteurs, ils se croyaient invincibles. C'est là que le capitaine Lallemand alla les combattre et les vaincre, non pas toutefois sans avoir été attaqués par eux dans les plaines et les pâturages.

AMIRAL DE GUEYDON

3

phrase. Aussi quand, en octobre 1870, on lui fait pressentir qu'il va être nommé chef d'état-major du 16e corps d'armée, il se hâte de télégraphier au Ministre de la guerre :

— J'accepte avec reconnaissance tout emploi que vous voudrez me donner à l'armée. Vous comblez tous mes vœux ; je puis être remplacé ici sans difficulté.

Peu après, le général Lallemand prend, au combat de Marchenoir, une part glorieuse et efficace ; et il est promu général de division à la fin du mois d'octobre.

Sa grande expérience des choses d'Afrique le fait désigner ensuite pour le commandement des forces de terre et de mer, qui allaient réprimer en 1871 l'insurrection algérienne. Cette insurrection fut à peu près bornée à la grande Kabylie. Mais là la situation devint un moment fort grave. A l'amiral de Gueydon gouverneur d'Algérie, le général Lallemand écrivait au début des opérations :

« Je fais approvisionner de vivres, de munitions les principaux centres ; j'y envoie autant que possible quelques troupes se joindre aux milices locales : ce sont des *îlots* que nous retrouverons dans trois mois au milieu de l'inondation. »

Le général faisait allusion à la révolte qui, pensait-il, allait s'étendre en cette contrée, grâce aux excitations des agents allemands. Notre intention n'est point de narrer en détail les opérations exécutées en Kabylie par les colonnes du général Lallemand, montrons seulement comment furent solidement organisés quelques-uns des *îlots* par le commandant supérieur pour résister à l'ennemi.

« Lorsqu'on monte, dit le capitaine Perret (1), de Tizi-Ouzou à Fort-National, la ville fondée par le maréchal Randon, et qu'on s'élève sur les flancs admirablement cultivés de la montagne, le paysage devint d'une superbe originalité. Arrivé en vue du fort, le regard embrasse la Kabylie entière ; on

(1) *Récits algériens.*

croirait avoir sous les yeux une immense carte géographique en relief. D'un côté, on voit le Djurjura couvert de neige, dont quelques pentes sont revêtues de forêts d'un vert sombre ; de l'autre, l'œil se perd dans la magnifique vallée du Sebaou, qui va jusqu'à Dellys (1).

» Au fond de cette vallée, le ruban d'argent du fleuve kabyle se déroule capricieusement, de temps à autre, bordé de jaune par les sables. L'étrange région au centre de laquelle on se trouve est comparable à une cuve immense, dont les bouillonnements auraient été solidifiés d'un seul coup. Le Djurjura géant domine un amphithéâtre colossal, où les spectateurs sont figurés par une foule de petites montagnes, serrées les unes contre les autres, et séparées par d'étroits vallons, dans lesquels coulent une infinité de ruisseaux s'écoulant en cascatelles jusqu'au torrent.

» Chaque cime est couronnée d'un village kabyle qui ressemble à une petite forteresse ; de Fort-National on en compte bien une cinquantaine, mais le nombre de ces villages paraît bien plus considérable si l'on avance davantage. Superposés en étages multiples et accrochés à tous les accidents de terrain, ils sont entourés d'épaisses haies de cactus, qui forment autour d'eux des remparts impénétrables, et l'on n'y accède que par des sentiers de chèvre, vrais escaliers semés de cailloux montants.

» La ville de Fort-National et la forteresse de ce nom étaient l'œuvre de Randon. Frappés de l'importance de cette position, les Kabyles pendant les travaux de construction avaient compris qu'elle serait le tombeau de leur indépendance. Ils ne parvenaient pas à conserver leur impassibilité en voyant les fossés se creuser et les longues murailles crénelées sortir de terre. Un vieil *amin*, venu pour apporter la contribution de guerre de son village, demanda un jour au commandant Péchot qui recevait son argent :

(1) Le Djurjura présente la forme d'un fer à cheval, dont l'ouverture regarde la mer.

» — Le maréchal vient-il donc habiter ici?

» — Non, c'est un bordj qu'il fait construire.

» — Un bordj, dit le vieillard. On m'a donc dit la vérité. Sidi commandant, regarde-moi. Quand un homme va mourir, il se recueille et ferme les yeux....

» — *Amin* des Kabyles, je ferme les yeux, car la Kabylie va mourir.

» Pendant quelques minutes, l'*amin* resta les yeux fermés. Puis il quitta subitement le commandant en laissant échapper un sanglot.

» Le 14 juin avait été inauguré le nouveau fort.

» Dès le matin, toutes les troupes déposèrent la pioche et vinrent sur le plateau dominant le pays se masser à droite et à gauche d'un autel, assis sur des caisses à biscuits et des tambours amoncelés, flanqué de drapeaux et de fanions. Le génie avait artistement dressé autour de l'autel des trophées d'armes, des instruments de travail et des caissons d'artillerie. Les aumôniers des trois divisions assistaient le vicaire général du diocèse d'Alger (1), qui trouva d'éloquentes paroles pour les soldats morts depuis un quart de siècle sur la terre algérienne.

» A l'époque de l'insurrection de 1871, le Fort-National avait été pourvu par le général Lallemand de 700 hommes de troupes parmi lesquels 3 à 400 mobilisés de la Côte-d'Or. Ils avaient à défendre une enceinte de 2,300 mètres de développement, attaquée par 15 ou 20,000 Kabyles. La place possédait quelques canons pour lesquels on n'avait pu trouver que 10 artilleurs et 40 hommes du train des équipages, auxquels on apprit la manœuvre du canon. Dès le 17 avril, les insurgés vinrent investir le fort. Ayant découvert, par hasard, une vieille pièce de quatre espagnole, ils s'en servirent pour lancer le 2 mai des boulets de pierre, qui ne purent aboutir à faire brèche. Par dérision, pendant leurs travaux de siège, autour des remparts, les Arabes chantaient la *Marseillaise.* »

(1) L'abbé Luchet, dont le nom est resté populaire en Algérie.

Le capitaine Perret a raconté quelques épisodes de ce siège émouvant.

Il y avait, à une quarantaine de pas de la porte, un frêne, derrière lequel venait, pendant les premiers jours du siège, s'embusquer un Kabyle. Celui-ci, doué d'une adresse meurtrière, arrivait avant le jour et ne partait qu'à la nuit. On l'appela Jean du Frêne. Il tua successivement un soldat du train, un sergent de tirailleurs et plusieurs mobilisés. Quelques-uns de ces derniers jurèrent de venger leurs camarades ; mais deux d'entre eux périrent des mains de l'adroit tireur.

Un jour, un sous-lieutenant de tirailleurs algériens, M. Debay, accompagné d'un artilleur et d'un mobilisé, se laissa couler par une embrasure, et courut sus à *Jean du Frêne* qu'il tua d'un coup de revolver. Le 21 mai, dans la nuit, la garnison entendit les Arabes entamer leurs chants religieux qu'ils répétèrent trois fois. Tous les soldats français furent aussitôt sur pied.

Bientôt on les vit appliquer leurs échelles sur plusieurs points, et on dut les repousser à la baïonnette. Des bombes et grenades, lancées sur la masse confuse des assaillants qui cherchaient à se reformer au pied de la muraille, firent un grand nombre de victimes. Les Arabes employèrent deux jours entiers à enlever leurs morts.

Mais la garnison subit également des pertes cruelles.

Après cet assaut, Fort-National demeura encore bloqué pendant un mois. Informé, par un espion, du succès du 21 mai, le général Lallemand fit répondre au commandant Maréchal, chef du poste assiégé :

— J'attends des renforts pour tenter la grande affaire de votre déblocus : donnez-moi huit jours encore pour assurer mes communications par la soumission des Beni-Aïssé.

Huit jours, c'était encore possible. Le pain ne manquait pas : on mangeait des salaisons, de la viande de cheval et de mulet. Pas de légumes, même secs ; mais ce qui inquiétait surtout le commandant Maréchal, c'est que la garnison se trouvait épuisée par quarante nuits passées sans sommeil. Enfin, le 26 juin, le général Lallemand, à la tête de sa colonne, vint camper sous les murs de Fort-National et n'eut pas même besoin de livrer combat aux Kabyles. Pris entre deux feux, ceux-ci avaient perdu l'espoir de forcer la place : ils s'enfuirent, et le général put écrire au Ministre de la guerre : « Ce siège de soixante-trois jours formera un glorieux épisode de nos annales algériennes. »

Le bordj de Tizi-Ouzou également avait été assiégé par les Arabes. Entouré d'un mur de sept cents mètres de contour et d'une hauteur de deux mètres cinquante à cinq mètres, ce fortin n'était défendu que par cent chasseurs d'Afrique, cent trois mobilisés de la Côte-d'Or et cinquante miliciens. Le 17 avril, les Kabyles établissant des retranchements à trois cents mètres des murs du bordj, coupaient les conduites d'eau et commençaient l'attaque avec impétuosité. Déjà ils s'étaient avancés jusqu'aux pieds des remparts où ils furent reçus par une fusillade qui dura vingt-cinq jours, quand, enfin, la colonne du général Lallemand vint au secours de Tizi-Ouzou, et débloqua la petite garnison qui n'aurait pu tenir longtemps.

Ce ne fut qu'à la fin de 1871, que le général parvint à réprimer cette redoutable insurrection, combattue au début seulement à l'aide de colonnes improvisées, composées de mobiles, de miliciens et de mobilisés, l'Allemagne et la Commune retenant les troupes françaises occupées ou prisonnières. C'est dans ces circonstances difficiles, où la colonie algérienne était soulevée sur plusieurs points à la fois, que le général Lallemand montra les qualités éminentes du chef, qui apprécie sûrement ses situations, conserve tout son sang-froid et agit avec rapidité et vigueur (1). Avec la poignée de vrais soldats mis à

(1) Les ordres suivants, donnés au colonel Fourchaut, le 23 avril 1871, sont un modèle de cette rapidité d'exécution qu'il apportait dans ses campagnes. Comme tout y est prévu dans ses moindres détails ! « Il y a à Palestro quelques familles du village qui luttent courageusement contre les Kabyles, et que l'on

sa disposition, il sut accomplir ce prodige, de faire croire aux Kabyles que l'Algérie n'était pas dégarnie des troupes d'occupations. Laissant à d'autres le soin de recueillir la gloire de cette expédition, il rentre en France, simplement heureux du devoir accompli (1).

C'est bien là, pour ceux qui l'ont connu, le côté saillant du caractère de ce soldat qui a été avant tout l'homme du devoir.

A partir de ce moment, il va exercer dans la mère-patrie les plus hautes fonctions.

Commandant de la 11e division militaire à Nantes, membre du Conseil supérieur de la guerre, président du Comité d'état-major et inspecteur général de nos grandes écoles militaires, partout il a fait preuve, dans ces difficiles et délicates missions, des plus hautes qualités de sa profession.

Maintenu en 1882, sans limite d'âge, dans le cadre de l'état-major général de l'armée, il continue, jusqu'à l'âge de soixante-dix ans, ses éminents services à la patrie. Mais, en 1887, aspirant à jouir d'un repos bien mérité après quarante-

pourrait sauver. Prenez trois cents zouaves et trois cents tirailleurs, braves et bon marcheurs, sans sacs, une pièce de montagne avec forte réserve de cartouches d'infanterie et un peloton de chasseurs, avec un baril d'eau-de-vie sur un mulet, vivres dans la musette. Gagnez le Fondouck, après avoir bien disposé définitivement les troupes que vous laisserez, et partez-en à neuf heures du soir avec de bons guides. Il y a six lieues du Fondouck au pont de Palestro. Vous arriveriez à trois heures du matin, culbuteriez les bandits et enlèveriez les familles qui vivent encore. Il y a aussi là le capitaine du génie Auger, s'il n'a pas péri. C'est un coup de main généreux à tenter. Se borner à la chose elle-même, ne rien entreprendre au delà, garder surtout le plus grand secret, et vous réussirez. »

Ce qui arriva.

(1) En Kabylie, les souvenirs de la manière vigoureuse dont fut réprimée l'insurrection sont encore vivants. On se rappelle les villages brûlés, triste nécessité de la guerre, les oliviers coupés, les terres confisquées en grand au profit de la colonisation, les transportations et les amendes. Il fallait cette rigueur pour couper la révolte dans sa racine.

« Néanmoins, dit le capitaine Perret, le Kabyle pense philosophiquement, même aujourd'hui, que, tôt ou tard, nous quitterons l'Algérie. « Ni Romains, » ni Grecs, ni Vandales, ni Turcs, dit-il, n'ont pu y demeurer, parce que Dieu » ne le permettait pas. Le Français aura son tour. »

sept années de dévouement, le général Lallemand, grand'croix de la Légion d'honneur, décoré de la médaille militaire, se retirait dans les Ardennes.

Après avoir rappelé ce qu'était le brillant soldat, disons un mot de l'homme privé. Il était bon, serviable, accessible à tous, faisant beaucoup de bien autour de lui, mais toujours modestement et sans bruit.

Travailleur infatigable, il se tenait constamment au courant de toutes les choses nouvelles intéressant l'armée.

— J'avais souvent l'occasion de m'entretenir avec lui, a dit sur sa tombe, un de nos officiers supérieurs, et je ne saurais trop dire combien chacune de ses paroles contenait une sage leçon.

A côté de cette grande valeur intellectuelle et de ce profond savoir, dû à une expérience consommée, le général Lallemand était, avant tout, simple et modeste. A la fin de sa carrière il eût pu être investi d'une haute dignité qui eût couronné son existence de soldat, en acceptant la plus haute fonction dans le Palais de la Légion d'honneur. Mais, dans son désir de vivre à la campagne et loin des dignités, il déclina les offres qui lui furent faites passer ne pas abandonner son pays natal, Éteignères.

C'est là, qu'il désirait passer ses dernières années, au milieu des siens, estimant, disait-il, « que la plus grande récompense qu'il ambitionnait pour ses services était de terminer ses jours dans le modeste pays qui l'avait vu naître. »

Ses désirs ont été exaucés, et c'est dans la maison, berceau de sa famille, que fort doucement il s'est éteint, après quelques jours seulement de maladie, jouissant de toute son intelligence, en donnant un dernier regard au portrait de sa mère, pour laquelle il avait eu, de tout temps, la plus grande vénération.

Tel fut ce vaillant soldat, qui a tracé aux générations qui le suivent, un glorieux sillon par les éminents services rendus à la patrie. Ces générations n'oublieront pas cette grande figure de guerrier, et sauront s'inspirer, dans les moments difficiles, des nobles exemples qu'il leur a laissés.

Ajoutons que le général Lallemand, dans les multiples fonctions d'officier et de chef d'armée, ne perdit jamais ses sentiments chrétiens. Aussi, dès qu'il se sentit gravement atteint, il demanda lui-même à voir un prêtre et à recevoir les sacrements de l'Église, disant dans son style militaire :

— *Je ne veux pas paraître devant Dieu sans être muni d'un billet de logement.*

MANNING

ORATEUR, PUBLICISTE, CARDINAL

(1808 — 1892)

« Il y a trois hommes sur lesquels la Grande Bretagne peut se reposer : Manning dans la chaire, Gladstone à la tribune, Hope Sott au barreau. » (*Un évêque anglican*).

Au mois de janvier 1892, à Westminster, dans une petite chambre meublée comme la cellule d'un moine (1), expirait un homme illustre, orateur, écrivain, administrateur et diplomate consommé, le cardinal Manning, archevêque de Westminster. D'autres rediront les détails de cette belle et longue existence ; pour nous, nous ne retracerons que les lignes principales.

Né à Totteridge-House, en Angleterre, d'une famille protestante, le 15 juillet 1808, *Henri-Édouard Manning* descendait d'une antique race de chevaliers, dont le blason porte une

(1) Cette chambre est située au dernier étage de la maison. Le mobilier consiste en une commode de sapin, une table à toilette, un fauteuil de paille et un petit lit de camp, qui a été la couche du cardinal Manning jusqu'à sa mort.

croix fleurdelisée avec cette devise : *Malo mori quam fœdari*(1), redisant les hauts faits d'armes qu'ils accomplirent pour la défense de leur foi et de la patrie au temps des Croisades. Son père, d'abord gouverneur de la Banque d'Angleterre, fut membre du Parlement. Le jeune Henri reçut son éducation première à l'école aristocratique de Harrow, où avait été élevé lord Byron.

Après de brillantes études qui dénotaient dans le jeune homme de grands talents, il fit sa théologie à Oxford, où une étroite amitié le lia avec celui qui fut plusieurs fois premier ministre d'Angleterre, lord Glasdtone. Dans cette Université célèbre, l'étudiant acquit bien vite la réputation de grande capacité à concentrer son esprit sur toutes sortes de sujets.

Trois ans plus tard, en 1838, M. Manning remportait les premiers honneurs académiques et devenait agrégé ou fellow de Merton-Collège.

Un moment il voulut se destiner à la carrière politique, et, dans ce but, commença l'étude des lois du royaume et des institutions publiques; il demanda même une place dans le Colonial-Office, où il fit preuve de sérieuses et rares qualités d'administrateur. Mais possédé d'un vif amour pour Dieu, on le vit continuer ses études des hautes questions et des vérités éternelles. Dans ce but, ayant renoncé à la place obtenue au ministère des colonies, il revint à Oxford, décidé à recevoir les ordres sacrés de l'Église anglicane.

Le jeune Henri-Édouard y rencontra toute une pléiade de jeunes et brillants esprits, tels que Newman, Oakeley, Wordsworth. Un vent de réforme religieuse soufflait sur ces cerveaux enthousiastes d'étudiants sacrés. C'était le docteur Pusey qui s'efforçait de ranimer dans les âmes l'étincelle de la foi mystique.

Il semblait, en effet, que l'anglicanisme, tel qu'il avait été constitué par Henri VIII et par Élisabeth, ne donnait pas un

(1) *Plutôt la mort que le déshonneur.*

élément assez sain aux cœurs affamés de la vérité religieuse, tandis que le catholicisme a cela de propre, que son enseignement dogmatique est encadré de rites gracieux ou splendides, qui symbolisent d'une manière très heureuse, à nos yeux charnels, tous les mystères de la vraie foi.

En secouant le joug de Rome, l'anglicanisme avait rejeté les rites romains. Le culte de la Vierge qui adoucit et charme la piété, les cérémonies pompeuses de la tradition romaine, l'encens qui parfume les temples, les cierges qui les illuminent d'une chaude clarté, les ornements d'or ou d'argent que revêt le prêtre. Tout cela, l'anglicanisme strict le répudiait. Sur la grâce, les sacrements, le purgatoire, les erreurs du culte anglican étaient nombreuses. Pour comble de contradictions ou de compromis, l'anglicanisme, au contraire des autres cultes protestants, admet la hiérarchie dans le sacerdoce, puisqu'il y a des évêques anglicans aussi bien que des évêques catholiques. Placé à mi-côte entre les vérités et les splendeurs mystiques du catholicisme et les âpres sommets du protestantisme germain, il était donc livré d'avance aux contradictions et à la ruine qui devait s'ensuivre et se poursuit de nos jours plus que jamais.

L'enseignement, ou plutôt l'impulsion donnée par le docteur Pusey à Manning, à Newman et à leurs contemporains, était donc logique. Dans des brochures, qui sont des chefs-d'œuvre de dialectique et de science théologique, Pusey et Newman manifestèrent leurs sentiments. Ils voulaient seulement, semblait-il tout d'abord, renouveler l'Église nationale d'Angleterre, émonder quelques rameaux trop secs de l'anglicanisme et revivifier la plante par une sève nourrissante puisée aux traditions de l'Église primitive et dans l'étude des Pères. Ce fut une sorte de schisme qui se produisit parmi les puséistes, car tandis que les uns, effrayés des conséquences logiques où les poussaient les controverses engagées alors, s'arrêtèrent dans le chemin de la vérité, d'autres, ayant vu se rompre, dans la polémique, un par un, les derniers liens qui les retenaient loin de Rome, se convertirent purement et simplement au catholicisme.

Avant d'arriver là, Manning reçut les ordres sacrés, et fut pourvu d'un bénéfice, situé dans le comté de Sussex. C'était vers 1833.

Situé au fond d'un vallon solitaire, ce nouveau domicile était singulièrement favorable à la méditation et aux travaux intellectuels. C'est là que fut commencée, par le jeune docteur, cette série d'études qui, comprenant d'abord les origines de l'Église anglicane, puis les Pères de l'Église, devaient plus tard le conduire à la foi catholique pleine et entière.

Comme fruit de ses premiers travaux, le docteur Manning publia une suite de sermons très remarqués et que les anglicans tiennent encore en grande estime. Du même coup, il se révélait comme orateur et écrivain. Plein de zèle pour la conservation de la foi chrétienne, il demanda la création des séminaires protestants dans toute l'Angleterre et s'opposa à la sécularisation des biens de l'Église anglicane.

Les honneurs, comme il était juste, vinrent trouver, dans sa solitude, l'humble curé de Lavington. En 1840, il fut nommé archidiacre de Chichester, et, peu après, prédicateur de l'Université d'Oxford. Ses talents et ses succès le posèrent, à cette époque, comme le champion de l'Église établie : tous fondaient sur lui les plus grandes espérances, et un évêque anglican pouvait dire avec vérité :

— Il y a trois hommes sur lesquels la Grande-Bretagne peut se reposer pour l'avenir : Manning dans la chaire, Gladstone à la tribune, Hope-Scott au barreau.

Au milieu de ses travaux, un long chemin avait été parcouru dans le vaste domaine de la vérité par cet esprit droit et logique, toujours propre à tirer les conclusions de ses principes et surtout à y conformer sa conduite : ceux qui l'entouraient et l'entendaient ne pouvaient encore le constater, mais un travail lent et efficace s'opérait dans l'esprit et dans le cœur de cet homme docile à la grâce, l'attirant comme un aimant mystérieux. Incliné vers la religion catholique par l'étude des origines du christianisme et des saints Pères, il ne tarda pas à faire passer dans ses écrits ses convictions nouvelles. Chacun des livres qu'il écrivit ensuite dénote un pas fait en avant, vers la vérité complète et infaillible.

Un incident qui eut lieu en 1850 orienta définitivement l'archidiacre vers la véritable Église.

« C'est alors, dit le *Tablett,* que Manning aperçut l'étoile qui devait le conduire à Bethléem et qu'il se mit en route pour la suivre. »

Un pasteur protestant, le docteur Gorham, avait nié la nécessité du baptême, et, malgré cette scandaleuse démonstration d'incrédulité, avait été maintenu dans la hiérarchie de l'Église anglicane. L'archidiacre Manning s'en émut.

Il eut une conférence avec Gladstone et plusieurs docteurs protestants. Bientôt il fit paraître une protestation que douze personnages, entre autres le docteur Pusey et Hope-Scott, signèrent avec lui. (Six sur treize devaient se convertir.) Cette protestation portait que renier un des points fondamentaux de la foi, c'était rejeter le fondement même de la religion et détruire l'autorité doctrinale.

Un fois entré dans cette voie, Manning put se convaincre que l'Église catholique seule a conservé la tradition complète du vrai christianisme, qu'elle offre dans son unité une garantie sûre de sa fidélité à garder la tradition.

Un dernier point restait à éclaircir : « L'Église catholique n'est-elle qu'un témoin humain, un dépositaire faillible, ou bien est-elle un témoin divin? Porte-t-elle à son front la marque lumineuse d'une origine célèbre? Est-elle un fait surnaturel posé dans le monde et qui porte en lui-même sa preuve? En un mot, l'Église romaine est-elle, en quelque sorte, la révélation du Christ continué visiblement sur la terre?... »

Deux voyages qu'il fit à Rome allaient encore ébranler son esprit. Dans le premier, en 1848, reçu par le Souverain Pontife, il entendit ces paroles :

— Quand on fait le bien, Dieu donne sa grâce. Je prie tous les jours pour l'Angleterre.

Le docteur Manning avait compris. Laissons-le raconter en ces termes les impressions qui l'agitèrent.

« J'étais à Rome; je visitais les musées, les ruines, les églises. Comme nos compatriotes, j'assistais aux cérémonies, étudiant la cité à tous les points de vue. Je n'avais aucune pensée de changer ma croyance religieuse. Un jour, un matin, j'entrai dans l'église de Saint-Louis-des-Français. Là, sur l'autel, le Très Saint Sacrement était exposé pour la bénédiction, un service religieux que je n'avais jamais vu auparavant.

» Rien ne pouvait être plus simple : de l'encens, les cierges allumés, les prêtres dans leur simple habit de chœur; au pied de l'autel, quelques fidèles à genoux et priant. Quel contraste entre ceci et les solennelles fonctions pontificales à Saint-Pierre! Mais ce fut le moment où Dieu m'appela à lui.

» Je sentis mon âme remuée d'une manière mystérieuse. J'aperçus un faible rayon de lumière. Pour la première fois, dans toute ma vie, il me vint à l'esprit qu'il pouvait y avoir du vrai dans le catholicisme; ma conversion ne me parut plus dès lors une impossibilité. Toutefois, je me trouvais encore loin d'être converti : mais Dieu m'avait appelé, et je ne restai pas sourd à sa voix. Je priai, je cherchai, j'étudiai en toute sincérité. Chaque jour la lumière brilla de plus en plus claire, et la grâce de Dieu fit le reste. »

Quand il devint évident pour le docteur Manning que l'Église catholique est manifestement la vérité surnaturelle, rien ne fut capable de l'arrêter dans son élan vers la vraie foi. Sans hésitation sur les sacrifices que Dieu lui demandait, il abandonna de suite l'importante situation et les dignités dont il jouissait dans l'Église anglicane. Quand, dans un plateau de la balance, la vérité s'y trouve, honneurs et dignités ne pèsent rien.

En 1851, le dimanche des Rameaux, un événement qui allait avoir des conséquences considérables se passa dans la chapelle des Jésuites de Londres. Le docteur Manning, archidiacre de Chichester, l'éloquent orateur de l'Université d'Oxford, fut reçu dans l'Église catholique par le P. Broronbill, alors supérieur. Ce vénérable religieux avait reçu tant d'abjurations d'anglicans que lady Georgiana Fullerson, une illustre convertie (1), l'appelait le *receveur général*. On sait, par le P. Broronbill, qu'après la cérémonie de son abjuration le docteur Manning l'embrassa en versant des larmes de joie, et en exprimant sa satisfaction d'avoir été conditionnellement baptisé; car depuis la fameuse querelle de Gorham contre la nécessité du baptême, il avait été tourmenté de doutes sur la validité du baptême reçu dans l'Église anglicane.

Après cette conversion, sentant dans son cœur que Dieu l'appelait à le servir par des liens plus étroits que ceux de simple fidèle, il s'était préparé à recevoir les ordres sacrés. Les ayant reçus et ordonné prêtre, il se rendit à Rome, centre de l'action et de la science catholique. A Rome, M. Manning entra dans l'intimité de Pie IX, et cette intimité fut rendue plus profonde et plus tendre par les années. Conquérir le grade de docteur en théologie était chose facile pour le savant converti.

Aussitôt il reparut en Angleterre, non pas pour savourer en paix son bonheur, mais pour le faire partager à d'autres en appliquant son zèle à la conversion des protestants. Il y fonda bientôt une congrégation de prêtres séculiers, les Oblats de

(1) V. sa conversion et sa vie dans *Chrétiens illustres au XIXe siècle*, par l'abbé Baraud, chez Taffin-Lefort, Lille.

saint Charles Borromée. Honoré par Pie IX du titre de protonotaire apostolique en 1860, l'abbé Manning, attaché au clergé de Westminster, devint doyen du chapitre. A la mort du cardinal Wiseman, arrivée cinq ans après, son mérite le fit choisir pour succéder à l'éminent archevêque. Préconisé par Pie IX le 7 mai 1865, le nouveau prélat fut sacré dans la cathédrale provisoire de Sainte-Marie Moorfields, par l'évêque de Birmingham; cette cérémonie s'accomplit en présence de la hiérarchie anglaise tout entière. Outre un nombre considérable de fidèles anglicans, la plupart des catholiques d'Angleterre étaient présents, ainsi que beaucoup de membres du corps diplomatique, notamment les ambassadeurs de France et d'Autriche. Les ordres religieux, déjà nombreux en Angleterre, y étaient aussi représentés par les Oratoriens, les Dominicains, les Capucins, les Augustins, les Carmes, les Passionnistes, les Jésuites, les Bénédictins.

Mgr Manning fut solennellement intronisé, le 6 novembre suivant, comme archevêque de Westminster. Aux félicitations de son clergé, il répondit par un discours qui fit sensation en Angleterre. Nous en extrayons le passage suivant :

« L'Angleterre n'est pas plus éloignée de la foi et de l'unité de l'Église aujourd'hui qu'à l'époque où saint Grégoire envoya le pallium à saint Augustin.....

» Que nous réserve l'avenir? Dieu seul le sait; mais notre foi exige que nous espérions de grandes choses, et notre fidélité exige que nous les tentions.

» Deux choses sont parfaitement certaines : d'un côté, le protestantisme, après avoir, comme tant d'autres hérésies, fourni une carrière de trois cents ans, tombe en dissolution et disparaît; de l'autre côté, la foi catholique se développe partout d'une manière irrésistible. Ces deux opérations se poursuivent sans relâche. Encore une génération ou deux, et la religion anglicane sera ce que sont aujourd'hui l'arianisme et le donatisme, une page de l'histoire.

» Mais l'Église, immuable et impérissable au milieu des catastrophes qui se multiplient sur la surface du monde, apparaîtra plus éclatante que jamais à toutes les nations, comme l'arche du salut surnageant à la surface des eaux. »

C'est de cette époque que date véritablement la mission de Mgr Manning, et l'influence qu'il commença d'exercer sur ses compatriotes. Ce qu'a fait ce prélat semble dépasser de beaucoup la puissance d'un homme. Il n'a pas laissé un problème social, moral et religieux, sans l'étudier, sans essayer de le résoudre.

Les efforts dont ce pays allait être le théâtre de la part du clergé catholique, les merveilles qui vont éclore pendant de longues années sur son sol depuis si longtemps devenu le camp de l'hérésie, les importants et nombreux retours à la foi catholique que nous voyons si multipliés de nos jours, sont dus, en grande partie, au zèle et à l'action du nouvel Archevêque et de ses amis. C'est que la terre où passent les saints est bénie; la trace de leur foi, de leur science et de leur vertu est vraiment féconde.

Durant ces quarante années de vie sacerdotale et ces vingt-cinq ans d'épiscopat, Mgr Manning allait jouer un rôle immense en Angleterre :

« L'Eglise catholique, écrivait un journal anglais, était dans les catacombes; avec M. Manning elle sort de ces obscurs réduits, elle se montre au grand jour, et pour elle commence le siècle de Constantin. »

Et plus tard, à la mort du grand Archevêque, l'évêque de Newport le constatait solennellement :

« Une ère est close dans l'histoire du catholicisme en Angleterre ; une nouvelle ère est ouverte. »

C'est en se montrant vraiment prêtre et évêque, en se montrant véritablement grand patriote, que Mgr Manning a opéré en quelque sorte des merveilles.

Et d'abord il fut un saint évêque. Aussitôt assis sur le siège de Westminster, Mgr Manning s'était mis à l'œuvre pour réaliser le bien que tous attendaient de lui : autant les anglicans étaient attristés de la perte immense qu'ils avaient faite en le perdant, autant était grande la joie des catholiques.

Le nouveau pasteur se mit à parcourir son vaste diocèse. Il revit ces campagnes, ces bourgs, ces villes où le protestantisme avait semé tant de préjugés contre la vraie foi, et s'appliqua à éclairer toutes les âmes égarées. L'Église catholique cependant y avait ses disciples ; la foi est comme le bon grain : le laboureur et l'apôtre jettent la semence, et Dieu se charge de la faire germer et croître.

Mais il y eut dans cette visite de l'Archevêque un immense profit pour les âmes, et Mgr Manning ranima aux flammes de son cœur bien des ardeurs éteintes ou alanguies. Sa parole hardie, chaude, énergique, d'une vraie éloquence s'imposait à tous : aux anglicans par l'autorité de la science, aux catholiques principalement par celle de la foi vive et des vertus. Son infatigable charité, sa piété et sa pitié ne laissaient point de répit à son zèle.

Que faut-il aux hommes pour leur édification spirituelle et leur instruction religieuse? Des écoles pour apprendre à connaître les beautés de la création et les miracles de la foi, des séminaires pour former des apôtres, des églises pour s'approcher plus près de Dieu, des hôpitaux pour soulager l'excès de nos misères, et attendre la mort sans désespoir ni blasphème.

Écoles, séminaires, églises, hôpitaux, l'archevêque Manning en voulut fonder sans cesse pour améliorer le sort de ses diocésains; par son exemple et ses paroles il forçait les volontés nonchalantes à apporter leurs dons et leur concours moral aux œuvres qu'il entreprenait (1).

(1) L'œuvre des écoles fut surtout chère à son cœur : il en comprenait bien l'importance. Comme on lui proposa d'ouvrir une souscription pour construire une nouvelle cathédrale :

— Je ne permettrai jamais, répondit-il, qu'on pose la première pierre de ma cathédrale, tant qu'un seul enfant catholique restera sans école... La fondation d'écoles est une chose beaucoup plus urgente et plus agréable à Dieu.

Disciple fidèle de saint Charles Borromée, le docteur Manning ne néglige aucune occasion de paraître en public et de prendre la parole dans les réunions où sa présence est utile. Présent partout pour prêcher et remplir les devoirs de sa charge, il sait se multiplier, provoquer des résolutions dans les assemblées populaires, écrire des articles sur les grandes questions religieuses pour les principales Revues anglaises, et envoyer des mémoires aux sociétés littéraires et scientifiques. Il sait suffire à tout, et n'avoir toujours qu'un but : ramener l'Angleterre au bercail d'où elle est sortie dans une heure de ténèbres.

La foi catholique et ses nouvelles croyances sont-elles attaquées ? L'Archevêque accepte le combat sur tous les terrains où le transportent ses adversaires. Il profite habilement de toutes les attaques des grands journaux protestants pour leur imposer, sous forme de rectification, des réponses doctrinales qui sont de véritables apologies du catholicisme. Aucune de ces feuilles n'avance une erreur sans qu'il ne la relève aussitôt, demandant l'insertion de sa lettre au nom de la justice et de la courtoisie. Souvent on le voit écrire à des groupes, à des associations, à des chefs de parti, pour faire pénétrer la vérité religieuse dans les milieux les plus inaccessibles. Il organise lui-même des conférences et des matinées populaires. Ce saint évêque, ce cardinal, cet ami de la famille royale, de Wolseley, de Gladstone et de toutes les illustrations de son pays, va, dans les quartiers les plus excentriques, présider des réunions, montrer par son exemple l'amour de l'Église pour toutes les classes et faire acclamer la religion catholique.

Ce zèle, cette activité apostolique lui donnaient le droit d'être exigeant pour ses prêtres. Il voulait qu'ils consacrassent tous leurs instants à leur sanctification personnelle. Son livre du *Sacerdoce éternel* contient un chapitre intitulé : *La valeur du temps pour un prêtre.*

« Prenons notre horaire, écrit-il, et faisons nos comptes. Si nous vivons soixante-dix ans, nous aurons dépensé plus de vingt-trois ans à dormir (1), environ sept ans à la sainte Messe et à l'Office divin, ce qui fait environ trente ans sur une vie de soixante-dix. Comment les quarante autres années auront-elles été employées ? Combien d'heures aurons-nous paru dans la maison du pauvre ? Combien dans la maison du riche ? »

Il voulait que la prédication fût, avant tout, populaire, et s'appuyât sur des études approfondies. Il détestait l'éloquence apprise par cœur.

— *Elle est morte,* disait-il. On ne peut pas se souvenir et penser en même temps. Il faut arriver à penser devant l'auditoire. On y arrivera en s'imprégnant des vérités chrétiennes, en vivant d'elles, en les portant dans son esprit et dans son cœur. Que le prêtre vive toujours dans le monde de la foi, et il s'exprimera avec sincérité et simplicité, avec succès pour la cause de Dieu et du peuple.

Mgr Manning pratique cette théorie avant de la formuler ; de là sont venus ses succès oratoires.

On disait à Londres que c'était la peine de faire un long voyage pour le voir monter dans sa chaire, grave, recueilli, sans la moindre préoccupation du fond ou de la forme de son discours, portant sur ses traits la sincérité de la foi, et les célestes émotions d'un cœur plein de l'amour de Dieu et des hommes.

Comme saint Charles Borromée, Mgr Manning fut austère et simple dans sa vie. Ce grand Cardinal menait la vie pénitente d'un reclus. Sa nourriture était des plus simples ; il ne buvait que de l'eau. S'il se trouvait à quelque banquet offert par l'une des sociétés dont il était membre, il mettait ses gants dans son verre pour éviter qu'on lui versât une liqueur fermentée.

Tous les journaux ont parlé de la pauvreté de la chambre dans laquelle il est mort.

(1) Combien, dans le monde, dorment trente ans et plus !

Meublée comme la cellule d'un moine, on l'a vu plus haut, elle n'avait que treize pieds sur seize. La figure maigre et ascétique du prélat, dit Mgr Vaughan, ses membles émaciés portaient les traces visibles de la mortification, et c'est ainsi que, dans son corps mortel, paraissait transparente la surnaturelle vie de son âme.

Les vertus et la science de l'archevêque de Westminster brillèrent d'un vif éclat au Concile du Vatican, en 1869 et 1870. Comme il voulait que l'Eglise fût grande et prospère pour devenir bienfaisante, et comme il considérait que la puissance est inséparable de l'autorité et de l'unité, Mgr Manning fut un des prélats qui donnèrent à l'idée de la proclamation de l'infaillibilité papale l'aide efficace d'une éclatante adhésion. Au reste, son attitude au Concile du Vatican était en pleine conformité avec les principes qui avaient dirigé ses premiers pas dans la voie sacerdotale, et il dut se trouver heureux que le nouveau dogme de l'Église romaine donnât au Souverain Pontife l'autorité nécessaire pour intervenir, en arbitre divin, dans les grands débats qui divisent le monde.

Le prélat anglais pensait, en effet, que le rôle de l'Église romaine ne consiste pas uniquement à enseigner la vérité révélée et à indiquer aux hommes la route du ciel, il jugeait que la Chaire apostolique doit interpréter au sens le plus large sa mission d'enseignement et de paix, et continuer à cet égard l'œuvre de Jésus-Christ, en tenant compte des conditions de la vie contemporaine. En mettant ainsi son autorité et son talent au service de la cause de l'infaillibilité qu'il défendit avec une indomptable énergie, Mgr Manning eut le bonheur d'entraîner après lui la plupart de ses compatriotes, et au moment même où, à Rome, ce privilège de la primauté du Pape était en butte à des attaques passionnées, un évêque anglican, convaincu par les arguments de l'archevêque de Westminster, publiait en faveur de ce dogme une lettre pastorale qui eut un immense retentissement. C'est à l'occasion du Concile que Mgr Manning publia son très beau livre : *Le Privilège de Pierre.*

En 1875, en récompense des services rendus à la cause catholique et pour honorer l'Angleterre dans la personne de son Archevêque, Pie IX le créa Cardinal du titre des S. S. André et Grégoire au mont Cœlius.

Cet honneur suprême acheva d'attirer sur lui l'admiration des protestants eux-mêmes, qui étaient fiers de leur Cardinal et rendaient hommage à sa loyauté, à sa charité et à toutes ses hautes vertus.

Ce qu'il y eut également d'admirable dans Mgr Manning, ce fut son patriotisme éclairé qui lui donna une bonne partie de sa force et de son influence sur ses concitoyens.

Il était Anglais de race et d'éducation, de cœur, de style et de parole.

L'instruction et le sourire moqueur de Voltaire sont à peu près en France les seuls fruits des collèges et des lycées au point de vue religieux.

Les écoles anglaises et en particulier les collèges de Harrow et l'université d'Oxford, dont Mgr Manning fut élève, ont un autre idéal. Il en était sorti un homme bien élevé, respectueux et croyant, modeste et défendant le culte national par foi et par patriotisme, d'une courtoisie exquise, anglais de bonne race et parfait gentilhomme de la vieille Angleterre. Il était formé aux discussions politiques par les conférences d'Oxford, où les plus grands élèves agitaient entre eux les questions littéraires et politiques (1).

(1) Dans les collèges universitaires, les grands élèves forment entre eux des conférences, espèces de parlements en miniature, où l'on traite les questions politiques ou littéraires, plus souvent les questions politiques. On y soutient le pour et le contre, comme dans nos grands séminaires de France pour la théologie et la philosophie; on dirige et on résume les débats, on rédige des procès-verbaux, et même on publie des Revues. Manning fut président de l'une de ces assemblées. Nul ne l'égalait pour l'histoire et les lois constitutionnelles, et il se fit dès lors une réelle réputation d'orateur d'affaires.

En France, les partis, trop souvent, confisquent à leur profit le patriotisme. Sans faire étalage de son amour pour l'Angleterre et sans le prôner en toutes circonstances, le Dr Manning montra toujours, dans ses paroles et ses actes, une affection et un dévouement sincère pour son pays. Nul plus que lui ne possédait ce respect de l'autorité, cet attachement pour la famille royale, cette fidélité aux traditions qui sont dans le cœur de tout bon Anglais.

Son style reflète les caractères de sa race.

Dans ses traités théologiques, on trouve un grand fond d'Écriture sainte, de fortes pensées choisies dans les Pères de l'Église, des raisonnements solides. Ses ouvrages de piété ont pour but de rendre la dévotion solide, inattaquable, et ne la séparent jamais du dogme. Rien de ces fadeurs, de ce sentimentalisme ridicule qui parfois déparent les livres de piété. Avant tout, l'écrivain est positif, précis, juste et mesuré ; il parle à la raison et à la volonté plus qu'au sentiment et à l'imagination.

Cet évêque d'une si grande piété fut cependant très activement mêlé à la vie publique et politique de son pays. « Manning, en effet, combinait ses fonctions épiscopales, dit le *Standard*, avec l'exercice de tous les droits civiques. Essentiellement lutteur, pas agressif cependant (étant pour cela trop large et trop courtois), il vécut, ajoute le journal anglais, sans cesse sous les armes et se tint toujours au front de la bataille. » Il avait pour principe d'accepter le combat sur tous les terrains où le transportaient ses adversaires et tournaient contre eux toutes les armes dont ils se servaient.

Discours et écrits divers, lettres et brochures, *meetings* et conférences, articles de journaux et livres, tout lui était bon pour se défendre et défendre sa religion et son pays. Grâce à cette habile tactique, il apprit à ses adversaires à compter peu à peu sur lui. On trouva qu'il représentait quelque chose, qu'il méritait une place au soleil britannique : il devint une illustration nationale.

Le dévouement sans bornes aux petits et aux pauvres, voilà l'un des secrets de l'influence extraordinaire que le cardinal Manning a exercé sur le peuple anglais : « Les pauvres, disait-il, doivent pouvoir s'approcher du prêtre toujours et sans crainte, car le prêtre ne s'appartient pas, et chacun, de par la charité même de Jésus-Christ dont il est la vivante image, a un droit acquis sur lui et sur les services qu'il peut rendre. Etre aimé par les pauvres, c'est pour nous le signe le plus sûr que nous ressemblons à notre divin Maître, c'est notre récompense. »

Cette charité saus bornes était absolument désintéressée, purement évangélique, en dehors de tout calcul humain. « Nous nous sommes demandé, écrivait le *Spectator*, s'il n'y avait pas dans son amour du peuple le désir intéressé de rattacher l'Église aux masses, et de lui rendre ainsi l'influence qu'elle a perdue. Eh bien, devant la profonde bonté de cœur, l'universelle charité et l'infatigable dévouement de Manning, nous sommes obligés de convenir que, semblable à son divin Maître, il allait aux multitudes pour les servir et non pour s'en servir. »

Aussi, quand éclata la redoutable grève des Docks, quand une armée de plus de 250,000 grévistes mettait en péril le commerce, l'industrie de l'Angleterre et la paix publique, alors qu'une collision était imminente dont les conséquences pouvaient être terribles, alors que l'évêque anglican de Londres et le lord-maire avait tenté d'intervenir sans succès, le cardinal Manning, âgé de quatre-vingt-quatre ans, travaillant sans relâche à amener une entente entre les patrons et les ouvriers, ne se laissant point rebuter par les difficultés qu'il rencontrait de part et d'autre, ne se décourageant pas, malgré ses premiers échecs et sa charité persévérante, finit par obtenir des patrons une augmentation de salaire pour le 4 novembre 1889.

Mais il nous faut insister sur ce point culminant de la vie de Mgr Manning et qui mit le sceau à sa popularité.

Les ouvriers employés aux Docks de Londres sont exclusivement des malheureux, des exclus de tous les métiers, marins compromis, terrassiers, cochers sans ouvrage, etc. Ils forment, comme ils le disent eux-mêmes, « l'espoir perdu de l'armée du travail. » Avant la grève, ils gagnaient cinquante centimes l'heure, mais on ne les employait souvent qu'une heure ou deux par jour. En outre, pour avoir de l'ouvrage, ils devaient se laisser enrôler par des exploiteurs qui se mettaient entre eux et les Compagnies et prenaient sur leur salaire. Ces exploiteurs appliquaient aux ouvriers le *Sweating-System*, le système *de faire suer* le plus possible pour leur propre avantage. Le seul moyen d'améliorer la situation était de décider les ouvriers à s'entendre, à réclamer des conditions nouvelles. L'entente était difficile et la grève plus facile encore, parce que le travail des Docks peut être fait par le premier venu. Ce n'est pas un métier difficile, c'est une occupation pénible pour laquelle il suffit d'avoir de bons bras.

Le chef des socialistes de Londres, John Burns, s'était mis à l'œuvre pour provoquer l'agitation. Enfin, le 13 août 1889, trois cents ouvriers des Docks refusèrent d'accepter la paye de cinquante centimes et quittèrent le travail ; le 20 août, la grève était générale, et le dimanche suivant, le 25, soixante mille ouvriers, musique et bannière en tête, allaient processionnellement des entrepôts à Hyde-Park. Bien vite des « dockers » la grève s'étendit aux métiers connexes et comprit 250,000 hommes.

C'est alors qu'intervint le cardinal Manning.

Après avoir reconnu le bien fondé des réclamations des grévistes, il se rendit chez M. Norwood, directeur des Docks.

Une première fois, il n'obtint rien.

Mais à sa sortie du bureau de M. Norwood, des milliers de

grévistes lui firent une ovation, et le dimanche suivant, Burns, rendant compte de cette démarche, disait :

— C'était un grand spectacle que de voir cet illustre Cardinal chargé de ses quatre-vingts ans, plein de miséricorde pour le peuple, intercéder en sa faveur auprès de ce Norwood. Je me suis dit qu'en ce moment le meilleur et le pire modèle de deux classes d'Anglais se trouvaient en présence dans la même Chambre.

Après ce discours, Burns fut invité à se rendre auprès du Cardinal, et le lendemain il disait à la porte des Docks :

— J'ai, pour la première fois de ma vie, adressé la parole à ce glorieux vieillard. J'ai été profondément impressionné par son attitude calme et résolue, et je puis vous assurer que son cœur s'intéresse à notre grève et qu'il est plein de sympathie pour nos souffrances. Il m'a exprimé l'espoir que vous persévérerez tous dans la dignité de conduite que vous avez montrée jusqu'à présent. J'ai senti, en le quittant, que j'emportais plus d'espérance et d'encouragement que je n'en ai tiré d'aucune conversation précédente avec qui que ce soit.

Ces paroles furent couvertes d'applaudissements.

Après bien des démarches et des pourparlers, le cardinal Manning finit par obtenir des patrons l'augmentation de salaire pour le 4 novembre ; mais c'était une transaction qu'il fallait faire accepter aux ouvriers et — ce qui était plus difficile — aux chefs de la grève. Ceux-ci hésitaient : le Cardinal les réunit, et, après leur avoir exposé la nécessité d'un arrangement, il conclut en ces termes :

— Si vous refusez de remplir cette mission de paix, j'irai moi-même haranguer la foule des grévistes. Vingt-cinq mille d'entre eux sont mes fils spirituels ; ils m'écouteront !

Les chefs, profondément émus, promirent leur concours au Cardinal, et le 16 septembre le travail fut repris.

Tels furent les résultats heureux de l'intervention du cardinal Manning dans la grève des « dockers. » A ceux qui seraient tentés de blâmer son initiative généreuse et pacificatrice, nous rappellerons ce double épilogue : Sa Sainteté Léon XIII fit écrire à l'Archevêque de Londres pour le féliciter, et les anciens grévistes, s'étant cotisés, offrirent à leur sage protecteur une somme d'argent qu'il consacra à fonder un lit d'hôpital pour un ouvrier.

Par avance, d'ailleurs, Manning a lui-même répondu aux censeurs moroses.

Un jour, au plus fort de la grève, on lui dit :

— Mais, Éminence, c'est du socialisme que vous faites là !

— Je ne sais pas si c'est du socialisme pour vous, répliqua-t-il, mais pour moi, c'est du christianisme (1) ! »

Cette intervention en faveur des ouvriers grandit encore le Cardinal dans l'estime et la vénération publique.

C'est dans le même sentiment de charité évangélique qu'il a plaidé avec une ardeur infatigable la cause du peuple irlandais, qui était également une cause nationale :

« Grâce à Dieu, disait-il, je puis regarder toute la carrière de ma vie sans y trouver un acte ou un mot qui s'écarte, fût-ce d'une ligne, du plus cordial loyalisme anglais ; je puis dire qu'après les choses qui ne sont pas de ce monde, il n'est rien que je souhaite plus ardemment que le maintien de l'unité, de la solidité et de la prospérité de l'empire britannique : qu'on me permette donc de faire une prière qui est bien désintéressée.

(1) Plusieurs, surtout parmi les catholiques, se scandalisèrent du rôle joué par le Cardinal dans cette circonstance. Il ne s'en émut guère et se contenta de répondre à ses adversaires, dans son remarquable commentaire de l'Encyclique *De conditione opificum* :

« L'essence du socialisme est dans la nationalisation du sol et du salaire. Nier la propriété privée, réclamer l'égalité universelle et la communauté des biens, c'est être socialiste. Mais aider les ouvriers et les indigents, mettre à leur service les forces de l'État pour empêcher ce qui est contraire à la loi naturelle et chrétienne, c'est réagir contre l'égoïsme brutal qui ruine la paix et la stabilité, c'est remplir un devoir.

» Parce qu'un citoyen s'avise de protéger le monde ouvrier contre l'oppression des contrats ou des salaires iniques, il est socialiste, tant les esprits se sont obscurcis faute de réflexion, tant ils ont fléchi sous la pression de motifs intéressés. »

» Je supplie tous les hommes qui occupent les degrés du souverain pouvoir et tous ceux qui, par leur sagesse, peuvent guider le cours de la législation, de ne se donner ni repos ni aise, jusqu'à ce qu'ils aient placé l'Irlande dans une absolue égalité sociale, politique et religieuse avec l'Angleterre et l'Écosse, et qu'ils aient regagné, de la sorte, l'amour et la fidélité du très noble, du très généreux, de l'héroïque peuple de la catholique Irlande (1). »

Partout où le cardinal Manning a porté sa sollicitude, et il l'a portée partout où il y eut à réparer une injustice, à soulager une misère, à consoler une souffrance, ici réclamant pour les ouvriers un logement sain et un foyer domestique, là demandant pour les enfants chrétiens une éducation chrétienne ; c'est au nom de Jésus-Christ et de son ministère qu'il parle et qu'il agit.

Écoutons ses paroles :

« Les doctes et les habiles prétendent qu'il est possible d'isoler la science de la religion. Soit! Mais alors qu'ils ne parlent plus de former l'homme, qu'ils ne parlent plus d'éducation, car l'instruction n'est pas l'éducation. *Instruire*, c'est mettre une connaissance quelconque dans un cerveau. *Éduquer*, c'est développer et régler toutes les facultés humaines d'après un idéal de perfection qui est dans l'Évangile et pas ailleurs. »

Telle fut la mission du Cardinal :

« L'office pastoral, disait-il, est la plus haute école de charité, et la charité, c'est la perfection de Dieu et de l'homme. »

C'est pourquoi sa parole a été bienfaisante et son œuvre féconde. Et cet homme, qui avait été ministre anglican avant de devenir prêtre catholique, qui devait être suspect à tous ceux dont il s'était séparé, fut respecté, aimé, pleuré de tous sans distinction de communion et d'Église.

(1) Que l'État intervienne entre les pauvres tenanciers et les riches propriétaires, qu'il rétablisse le règne de la justice en mettant la force sociale du côté des faibles, c'est ce que demande Mgr Manning.

Le docteur Parker, dans un temple de Londres, prononça ces paroles significatives :

« Nous devons un tribut de respect à la mémoire du Cardinal que pleurent un grand nombre d'âmes dans l'Église de Rome et hors de cette Église. Ce grand homme ne sera jamais oublié à cause de ses sentiments si fraternels, à cause de l'intérêt qu'il prenait à toutes les questions sociales, et surtout à cause de l'abnégation et de son dévouement pour les classes pauvres (1). »

Il nous faudrait encore indiquer les efforts que fit le cardinal Manning pour obtenir le désarmement des peuples civilisés et une entente internationale en faveur du monde du travail; mais obligé de nous restreindre, nous renvoyons le lecteur au beau livre de l'abbé Lemire : *Le cardinal Manning et son action sociale* (2).

Rappelons que le vœu de toute sa vie fut l'union de l'Église et du peuple.

« Cette union, disait-il, doit se faire par le rapprochement du clergé et du peuple. »

Ses idées sur l'Église de France et le Concordat sont hardies :

« Demandez, ajoutait-il en parlant aux prêtres français qui allaient le visiter, demandez la liberté pour partager le sort du peuple, pour manger son pain, toucher son cœur et conquérir son âme à Dieu. Dieu n'aime rien tant au monde que la liberté de son Église. »

(1) « Il fallait le voir dans un pauvre réduit, écrit l'abbé Lemire, dans une salle d'école, un magasin, un hangar, bien loin des quartiers riches, un soir d'hiver, discutant à la lumière fumeuse d'une lampe ternie par la buée, avec des hommes assis, debout ou penchés au hasard autour de lui, tous apportant là, de la rue, de l'atelier ou des quais de la Tamise, leurs visages pâles de faim ou rouges de colère. Il écoutait ces travailleurs, les questionnait, et, à la fin, gardant seul la parole et fort de la dignité de son âge, de son sacerdoce, il tenait toute l'assemblée silencieuse par la lucidité de ses idées et le ton chaleureux de sa voix. » Le Cardinal allait aux pauvres, parce qu'il les aimait d'un amour pur et désintéressé, pour les servir et non pour s'en servir, parce qu'ils sont malheureux et parce qu'il était bon et capable de leur faire du bien.

(2) V. Lecoffre, rue Bonaparte.

Mgr Manning n'a pas reculé devant l'état social si menaçant aujourd'hui. Jamais il n'a tremblé pour l'avenir, car il savait que l'Église catholique possède le remède à tous ses maux, et il avait la ferme confiance que les peuples un jour reviendront à elle. N'est-elle pas le sel de la terre et la lumière du monde?

Le Cardinal fut l'évêque de la démocratie (dans le sens acceptable du mot), parce que dans une société où les privilèges sociaux et les distinctions vont s'affaiblissant de plus en plus, l'Église possède les deux seules supériorités que le monde accepte : la science et la vertu qui persuadent.

Les intérêts des âmes sont universels; il eût voulu que son action également fût universelle.

Qu'il était beau à entendre, dans ce grand meeting tenu à Londres, le 16 juillet 1872, dans le but de protester contre les mesures prises par le gouvernement allemand à l'égard des Jésuites et des Ordres enseignants, et par le gouvernement italien concernant les couvents de Rome! Le vaillant duc de Norfolk était là, présidant cette assemblée, et, autour de lui, se pressaient nombre de personnages distingués. Après plusieurs orateurs, le vénérable Cardinal prit la parole. Les catholiques viennent d'assister à un drame solennel en trois actes, qui n'est rien moins qu'une répétition de la fable du *Loup et de l'Agneau*. Écoutez :

« Pendant un quart de siècle, ils ont vu en Italie une révolution hypocrite s'efforçant de justifier ses actes sacrilèges par une prétendue provocation du Vicaire de Jésus-Christ. »

Le second acte a été joué en Allemagne. L'orateur avait partagé les espérances anxieuses de M. Allies (1) sur la consolidation de l'unité allemande. Mais lorsqu'il découvrit que le grand chancelier de l'Empire, ébloui comme il était par ses succès, ne se contentait pas de son grand rôle consistant à consolider l'unité politique, mais sentait encore le besoin de s'engager dans les divisions religieuses du peuple, Mgr Manning fut

(1) Membre éminent de l'*Union catholique de la Grande-Bretagne*.

confondu de surprise. Quelle hallucination devait s'être emparée du prince de Bismarck pour qu'il défît ainsi l'œuvre de ses propres mains!...

Le troisième acte venait ensuite. L'orateur et beaucoup d'assistants savent qu'il existe un pouvoir occulte derrière les gouvernements. Ils ont entendu parler de la franc-maçonnerie qui a envahi l'Empire d'Allemagne.... Puis, l'orateur donne des détails émouvants sur l'action de cette société secrète et son influence dans les conseils des gouvernements.

Dans une autre circonstance, nous voyons Mgr Manning prononcer un long discours, à la fois plein de hardiesse et de mesure sur un sujet brûlant : *Le pouvoir temporel du Pape et la loi des garanties*, sans craindre d'être considéré comme perturbateur ou comme engageant la responsabilité du gouvernement anglais, comme on l'eût regardé en France. Dans ce pays libre, Mgr Manning, ainsi qu'il l'avoue lui-même, s'est exprimé « en homme libre, en chrétien et en catholique, contre une législation qu'il juge tyrannique, atroce et cruelle. »

Depuis sa conversion, le cardinal Manning avait publié un grand nombre d'ouvrages. Les plus connus sont ses *Discours sur des sujets ecclésiastiques* et son *Traité du pouvoir temporel des Vicaires de Jésus-Christ*. Ce dernier, publié en anglais, eut plusieurs éditions en France et en Italie. *L'Histoire du Concile du Vatican* également a été éditée dans notre pays. Nous ne parlons pas de ses *Discours sur l'Éducation chrétienne*, de beaucoup d'autres livres, opuscules et articles qu'il publia si nombreux en diverses revues, sans jamais sentir le poids des années.

« A voir ce vénérable octogénaire, écrivait un journal anglais en 1889, on lui donnerait encore au moins dix ans de vie. »

Dieu ne voulut pas les lui accorder. Au mois de janvier 1892, Londres était dans la consternation. Tandis que le jeune duc de Clarence expirait, un cri retentissait dans la grande ville : *le cardinal Manning est mort!* Dieu, en effet, avait récompensé les services de son éminent serviteur. Il n'était pas moins vrai que l'Angleterre catholique faisait une perte immense dans cet homme de grand talent, car l'archevêque de Wetsminster fut un des hommes les plus nobles de caractère, les plus remarquables d'intelligence, les plus affectueux et les plus distingués que l'Église catholique puisse revendiquer à notre époque.

Les feuilles anglicanes les plus importantes l'ont apprécié ainsi.

« Lorsque le corps du cardinal Manning sera déposé dans la tombe, disait le *Daily Telegraph*, ayant accompli sa tâche, il sera inutile de demander à tous les esprits, qu'ils soient catholiques ou protestants, de faire ce qu'il leur demandait à tous il y a quarante ans : « Priez pour moi, afin que je me maintienne dans la grâce de Dieu, » écrivait-il alors en annonçant qu'il avait abandonné l'Église de ses pères, sacrifiant tous les avantages mondains qu'elle lui offrait en perspective, et s'offrant en butte à la haine populaire afin d'obéir à la voix de sa conscience. »

« La mort du cardinal Manning crée, dit *le Globe*, dans la société anglaise un vide dont on ne pourra que plus tard mesurer toute la profondeur. Déjà vingt-sept ans s'étaient écoulés depuis qu'il avait succédé au cardinal Wiseman, et quinze ans depuis qu'il avait été élevé au cardinalat par Pie IX. S'il était resté membre de l'Église anglicane, il est certain qu'il aurait été élevé à l'épiscopat; seulement, dans ce cas, il n'aurait jamais pu exercer l'influence unique qu'il a exercée pendant quarante ans. »

Enfin, on a pu lire dans le *Standard*, journal protestant entre tous :

« L'abandon de notre Église nationale ne doit pas nous aveugler sur les vertus réelles, la solide science et la puissante intelligence des enfants de l'Église de Rome. Nous pouvons dire du cardinal Manning ce que beaucoup de protestants ont dit de Newman : « *Talis cum sis, utinam cum nobis esses !* Étant ce que tu es, que n'es-tu des nôtres ! »

Ces éloges ne sont que justice en présence de ce vénérable vieillard, dont le front fut couronné de la triple auréole de la vraie foi, de la science et de la vertu, dont les yeux ont respiré tant de douceur, et le cœur a renfermé tant de bonté visiblement expansive.

On le voit, les organes les plus accrédités du protestantisme, les pasteurs dans les temples, les rabbins dans les synagogues, répétaient sous diverses formes ce qu'avait dit le docteur Packer :

« Nous devons un tribut de regrets à la mémoire du Cardinal que pleure l'Église catholique; le grand homme ne sera jamais oublié. »

Les feuilles populaires, comme les organes de la presse les plus considérables, faisaient entendre la voix des pauvres pleurant leur ami.

L'émotion se communiqua même au continent, et Séverine pleura l'archevêque Manning comme un aïeul, disait-elle, et le salua des noms de *consolateur des misérables*, de *protecteur des opprimés*, de *curé des pauvres et des ouvriers*.

MELLINET (ÉMILE)

GÉNÉRAL DE DIVISION, COMMANDEUR DE SAINT-GRÉGOIRE-LE-GRAND

(1798 — 1894)

« Plus d'honneur que d'honneurs. »

« Il nous semble, dit un compatriote du général Mellinet, le voir passer dans nos rues, comme il y a quelques années, le chapeau légèrement incliné sur l'oreille droite, bien pris dans sa redingote décorée de la rosette rouge, les yeux vifs, la joue balafrée par un éclat d'obus, la physionomie mâle avec une expression de finesse et de bonté.... »

On se poussait le coude :

— Voilà un homme! disait-on, et un héros!

Celui qui passait ainsi, assez indifférent à l'attention du public, ah! oui, c'était un vaillant! Chacun connaissait les grandes étapes de sa glorieuse carrière. Il n'avait rien dû à la protection, tout au mérite, au sang généreusement versé pour la patrie. *Ut patres filii!* Où le père avait passé, passait également l'enfant. Le père avait été général, général aussi devait être le fils, et l'un des deux ou trois les plus justement populaires de cette armée française, qui, en Espagne, en Italie, en Égypte, en Allemagne, en Afrique, en Orient, sous tous les cieux, s'est couverte de gloire.

Né le 1er juin 1798, à Nantes, *Émile Mellinet* était entré dans la carrière militaire au déclin de l'astre napoléonien. Il faisait déjà présager de sa bravoure cet enfant de quinze ans, qui quitte à peine les bancs du collège et que nous voyons parader sur les places publiques de Nantes, avec le grade de lieutenant des gardes nationales de la Loire-Inférieure.

A cette époque, le génie des batailles soufflait même sur les berceaux. La France avait épuisé le plus pur de son sang dans les longues guerres de l'Empire. La victoire un instant avait déserté ses drapeaux et semblait ne plus vouloir y revenir. L'Europe entière s'était liguée contre elle et venait de l'envahir. Malgré des efforts inouïs qui firent succéder les victoires aux défaites, Napoléon n'avait pu empêcher les alliés de marcher sur Paris. En face du danger qui menaçait la patrie elle-même, le jeune Mellinet s'émut; il accourut se placer sous les ordres du général Brouard, qui lui donna le grade de sous-lieutenant au 88e de ligne. Trente-cinq jours après, le vaillant enfant recevait sa première blessure sous les murs de Paris. Il n'avait pas seize ans.

Ce premier sang versé fut comme une onction sainte qui le consacra chevalier pour le reste de ses jours. Au blocus de Metz, l'année suivante, Mellinet fut blessé de nouveau. Désormais il va marcher à grands pas dans la voie de l'héroïsme. A côté de son père et de son illustre compatriote Cambronne, il assiste au désastre de Waterloo, et son âme frémit de ne pouvoir empêcher la défaite de la France. Quelques années plus tard, on le retrouve en Espagne. Son intrépidité est la même : dès le début de la campagne, il reçoit un coup de feu à la cuisse, au siège de Saint-Sébastien. Il est promu lieutenant. Il avait espéré la croix de Saint-Louis :

— Ce sera pour votre quatrième blessure, dit le Ministre de la guerre.

Mais le roi d'Espagne n'attend pas si longtemps. Lui-même attache, sur cette héroïque poitrine, sa belle croix de chevalier de l'Ordre de Charles III, et Mellinet devint ainsi, dans la suite, le doyen de cet ordre royal et distingué qui est la Légion d'honneur de l'Espagne.

Nommé capitaine, puis chef de bataillon, en 1842 il était lieutenant-colonel, et colonel de la Légion étrangère en 1846. Mais dès l'année 1840, la terre d'Afrique était devenue son champ de bataille. On le voit se distinguer dans l'expédition du Chéliff, défaire Bou-Maza sous les murs de Mostaganem, et, devenu colonel, placé à la tête de la subdivision de Sidi-bel-Abbès. La ville de ce nom lui doit sa fondation. Grande fut la joie du vaillant soldat quand, au mois d'avril 1835, la colonne de Mostaganem, forte de 1,200 hommes d'infanterie, d'une batterie d'artillerie de montagne et d'un escadron de chasseurs d'Afrique, se mit à la poursuite du terrible adversaire de la France.

Voici le portrait que fit de Bou-Maza un de ses partisans :

« La jeunesse est son partage : il possède la beauté, son regard commande. Son front est marqué d'une étoile. Ils disent que la prière est constamment dans sa bouche, la sainteté sa compagne, et le respect l'entoure.

» Plusieurs m'ont raconté que durant de longs mois il est demeuré chez une femme pauvre d'une tribu kabyle. Là, ses journées se passaient dans le Seigneur. Il priait et attendait. Le premier signe de sa puissance se montra sur une créature de Dieu. Une chèvre de la montagne devint sa servante, obéissante et soumise à son regard. Elle le nourrissait. Ceux qui le rencontraient en étaient surpris et l'appelaient le Bou-Maza (père de la chèvre). Mais leurs yeux ne voyaient point encore, car l'*esprit* lui ordonnait de garder le repos. Un jour pourtant, quand le soleil en se couchant marque l'heure de la prière, l'*esprit* lui enjoignit de quitter sa retraite. Alors il crut en lui et réunit les siens et les paroles du Bou-Maza entraînèrent les cœurs. Il nous disait :

» — La mort me précède, elle frappe l'ennemi, c'est mon bouclier pour mes compagnons. Les biens de ce monde seront leur récompense, et ceux dont les jours auront été marqués trouveront les jouissances dans l'autre. »

Malgré le caractère surnaturel dont il semblait revêtu, le courage de ses guerriers et l'appui d'Abd-el-Kader, le Bou-Maza fut vaincu, et cette victoire ne contribua pas peu à grandir le colonel Mellinet devant ses compagnons d'armes. Aussi le mois de décembre 1850 le vit promu au grade de général. Ces grades, il venait de les conquérir à la pointe de son épée, en faisant onze campagnes ininterrompues de 1841 à 1851, toujours sur ce sol d'Afrique, cimetière immense qui renferme dans ses profondeurs les cadavres de centaines de peuples qui y ont passé en conquérants, et dont la dernière couche, encore fraîche, arrosée du sang français, recouvre les ossements de tant de nos soldats (1).

(1) Grâce à ces flots de sang versé sur cette partie du globe, on peut dire que nos généraux ont mené à bien l'entreprise très difficile de la conquête d'un vaste pays, âpre d'accès et défendu par une population nombreuse et

Les compagnons d'armes du général avaient été les Bedeau, les Gentil, les d'Arbouville, les Charras, les Bosquet, les Pélissier, les Martimprey, les Mac-Mahon, les Cavaignac, dont tous les efforts tendirent vers le même but, malgré les froissements de caractère et d'opinion entre des talents si divers et si nécessaires à la fois.

« Dès 1840, écrit Du Barail, Mellinet était déjà populaire dans l'armée d'Afrique, autant par son imperturbable bravoure que par cet amour du soldat qui a marqué sa longue et glorieuse carrière. »

Rappelé en France comme général de brigade en 1850, le

guerrière. Nous avons mis en valeur une grande partie de ses richesses et installé une population européenne de 350,000 habitants.

« Le voyageur qui visite aujourd'hui l'Algérie, écrit le capitaine Blanc, aurait de la peine à comprendre ce qu'ont coûté de fatigues, de sueurs, de privations à notre armée la conquête et la pacification de ce pays, si la tradition orale ne lui apprenait que là, où s'élève un riant village, un rude combat se livrait il y a quarante ans; que cette vaste plaine couverte de riches moissons, s'est engraissée des cadavres des bataillons réguliers d'Abd-el-Kader; que là où courent ces belles routes carrossables, ces lignes rapides de chemin de fer, s'allongeaient autrefois, dans d'étroits sentiers, de longues colonnes françaises, marchant lentement sous un soleil de feu, haletantes, souffrant de la faim et de la soif, luttant de l'aube jusqu'à la nuit close contre des nuées d'Arabes, et, la nuit même, ayant à repousser les attaques réitérées d'un ennemi insaisissable.

» En parcourant, la canne à la main, les vallées de la Kabylie, en escaladant en touristes les pics du Jurjurah, de l'Ouerensis ou des Trarzas, rien ne leur rappelle que des bataillons épuisés de fatigue, écrasés sous le poids de leurs armes et de leurs sacs, les ont gravis au pas de charge, sous le feu plongeant des Kabyles.

» Notre jeune armée, surprise de voir transporter ses lieux de garnison à des dix, quinze et vingt journées de marche du littoral, ne saurait s'expliquer que, pendant vingt ans, ses aînés soient restés enfermés dans les plaines maritimes d'abord, puis dans le Sahel.

» Ni les uns ni les autres ne sauraient que la terre qu'ils foulent aux pieds est une terre consacrée par la bravoure, le dévouement, le martyre, l'honneur, si, comme nous l'avons dit, la tradition orale ne venait en aide à leur patriotique curiosité. » (*Souvenirs d'un vieux zouave.*)

Tant de luttes, de sang, de courage et de dévouement a du moins abouti à un immense résultat, en outre de la réparation due à la France, c'est de détruire le repaire de pirates, qui, d'Alger, rançonnaient toutes les marines de la Méditerranée, et faisaient de cette mer un lac maudit et inhospitalier. Pie IX avait bien saisi le caractère français lorsqu'il disait à propos d'un des chefs de l'armée d'Afrique, auquel il devait beaucoup, Lamoricière :

— Il est aussi naturel à un vrai Français de se dévouer, et même de donner sa vie, qu'à un autre homme d'aller à ses occupations quotidiennes. Cela lui paraît simple. Il le fait sans efforts. Voyez Lamoricière !

guerrier d'Afrique commande l'infanterie à Lyon jusqu'à la création de la garde impériale, dont il devint l'un des chefs.

Ce fut en cette qualité qu'au mois d'avril 1855, il rejoint l'armée d'Orient à la tête d'une brigade de grenadiers dont il avait le commandement. Depuis plusieurs mois, nos soldats faisaient le siège de Sébastopol et les opérations traînaient en langueur. Le 18 juin, on tente l'attaque de la célèbre redoute de Malakoff ; mais bientôt nos troupes, écrasées, cèdent sur plusieurs points. Mellinet reçoit l'ordre de conduire au secours quatre bataillons de la garde. Il s'élance avec ses soldats d'élite pour recommencer l'attaque. Mais il doit lutter contre un ennemi supérieur en nombre. Cinq fois il revient à la charge, s'exposant sans souci du danger, comme le dernier des soldats. Courage inutile, vains efforts ! La victoire nous échappe. De tous côtés, une pluie de fer fait reculer l'armée française et jonche l'armée de cadavres. Blessé encore une fois, sa conduite lui valut le grade de général de division dont les étoiles sont placées sur sa poitrine aux applaudissements des soldats de Crimée. Deux mois après, Mellinet est atteint à la joue d'un éclat d'obus qui devait le tuer, mais qui ne mit pas ses jours en danger (1). Les Bretons ont la tête dure, et le terrible projectile laissa seulement au visage du héros un glorieux stigmate. Puis, le général rentre en France avec ses vaillants soldats, et l'Empereur le place dans tous les postes de confiance où il faut la justesse du coup d'œil, la promptitude de la décision, la fermeté de la discipline, l'autorité d'un passé incontesté fait d'honneur et de vaillance.

Successivement inspecteur des troupes d'infanterie, de la

(1) Mac-Mahon venait de planter son fanion sur le rempart de Malakoff. A la courtine du petit Redan, Mellinet contemplait avec admiration l'intrépidité des officiers russes :

— Admirez Messieurs les officiers russes, dit-il aux siens, voyez comme ils donnent à leurs soldats l'exemple de la bravoure ! Imitez-les. Ah ! les braves gens, comme ils se battent !

« Quelques minutes plus tard il tombait, la mâchoire fracassée par un éclat d'obus. » (Discours prononcé à Nantes, par M. le chanoine *Gouraud*, Supérieur de l'Externat des Enfants-Nantais.)

division active et des dépôts de ce même corps, en 1859 il prend part, à la tête de la garde impériale, à la guerre d'Italie, où il eut, au pont de Magenta, deux chevaux tués sous lui.

— Je vous vois, lui rappelait Mac-Mahon peu avant sa mort, entre le Tessin et Naviglio-Grande résister avec vos grenadiers aux efforts de la plus grande partie des forces autrichiennes. Je vous vois, en face de la courtine du petit Redan, rester immobile sous le feu d'une batterie jusqu'au moment où un éclat d'obus vous enleva une partie de la joue. Eh bien ! c'était le bon temps, nous étions alors toujours victorieux. Depuis, nous avons été battus ; mais enfin nous pouvons conserver la tête haute, car on ne peut nous accuser de n'avoir pas toujours vaillamment combattu.

Après cette campagne, le général Mellinet est nommé commandant supérieur des gardes nationales de la Seine. Renommé pour son dilettantisme, il passe pour avoir beaucoup contribué à l'amélioration des musiques de régiments. En 1859, à la suite de réclamations nombreuses auxquelles il n'était pas en son pouvoir de faire droit, il préféra donner sa démission de commandant de la garde nationale.

A cette époque, Mellinet fait don au Ministre de la guerre de sa bibliothèque, très riche en ouvrages et plans relatifs à l'état militaire.

La fortune du général était relativement modeste, mais ses goûts, sauf en ce qui concernait les beaux-arts, étaient extrêmement simples.

On raconte, à ce sujet, que lorsqu'il quitta le service, prenant congé de son souverain, celui-ci lui offrit, à titre de souvenir, un fort joli portefeuille. Mellinet s'étant aperçu que le cadeau impérial était garni d'une très belle somme en billets de banque, le jeta négligemment sur la table, à la grande surprise de Napoléon III.

Tel était son désintéressement.

Enfin l'Empereur couronna la vie de son brave Mellinet

GÉNÉRAL MELLINET

en l'appelant à siéger au Sénat en 1865. Quelques années plus tard, l'âge avancé du général l'obligeait à prendre sa retraite. Aussi fut-elle immense la douleur qu'il ressentit lorsque vint à éclater la guerre de 1870, et qu'il lui devint impossible d'y prendre une part active. Être témoin de tant de ruines, de défaites, de sang versé, et ne pouvoir y remédier. Quelle poignante angoisse pour un vieux guerrier (1) !

Retiré à Nantes, le général donnait à ses concitoyens l'exemple de l'accomplissement des devoirs religieux et sociaux, de cette loyauté parfaite qui avait fait de lui un chevalier sans peur et sans reproche : amour de la vérité, antipathie prononcée pour tout ce qui sent la fausse louange et l'hypocrisie, la ruse, l'intrigue ou le mensonge ; charité compatissante et généreuse pour les petits et ceux qui souffrent, et, par-dessus tout, désintéressement absolu qui l'empêcha jamais d'arriver à la richesse.

L'occasion ne lui manqua point d'acquérir la fortune, il n'eût eu qu'à se baisser pour la prendre. Mais, comme le disait Berryer, « il fallait se baisser. Il n'y consentit jamais. »

« L'honneur purement humain, a dit son panégyriste, peut produire de grandes choses, mais il est insuffisant. Il y a des vertus qu'il ne peut inspirer ; il peut subir les variations de la conscience et par là même ne pas donner une base immuable au devoir. L'honneur chrétien est plus efficace et plus stable ; il s'appuie sur la loi de Dieu qui devient ainsi la règle de la conscience, et c'est en Dieu également qu'il place la sanction de ses actes. C'est dire que cet honneur suppose la foi chrétienne. »

Le général Mellinet l'avait compris, car il avait gardé au plus intime de son cœur la foi de son enfance. Ni la liberté des camps, ni le tumulte des batailles, ni les victoires ne purent

(1) Le décret de retraite du 30 septembre 1878 mit fin à cette belle carrière militaire, dont on n'a fait qu'indiquer ici les principales étapes.

l'en arracher. Est-ce que, cependant, cette foi ne subit pas une éclipse à un moment de sa carrière? On peut l'admettre dans une certaine mesure. Ce fut le jour où, après avoir refusé à Napoléon III d'accepter la grande maîtrise de la franc-maçonnerie, il y consentit enfin sur les instances de l'Impératrice, qui le lui demandait comme un service à rendre à l'Empire (1). Il a toujours regretté cet acte de faiblesse qu'on lui avait imposé en quelque sorte par raison d'État, et, après trois ans, il se démit promptement de cette charge devenue si lourde pour sa conscience de chrétien, tout en conservant cependant la conviction qu'il avait empêché du mal, notamment la réunion d'un *Concile franc-maçonnique*, destiné à se tenir dans les premiers mois de 1870 à Paris, en opposition avec le Concile du Vatican.

Mais depuis cette époque, depuis environ dix-huit ans, nous écrit le prêtre qui a été l'instrument de son retour à Dieu, j'avais eu la consolation de le réconcilier avec le Dieu de son enfance, après avoir reçu du pape Pie IX tous les pouvoirs dont j'avais besoin (2) : le général n'a jamais manqué de remplir chaque année le devoir pascal. Il se confessait même de temps en temps, et jusque en 1892 il assistait très régulièrement à la messe de midi et demi dans l'église de Notre-Dame de Bon-Port, sa paroisse. Il s'y plaçait au premier rang des fidèles, pour affirmer devant toute l'assistance sa foi catholique.

Au reste, pouvait-il avoir jamais perdu la foi celui qui disait :

— Ne me demandez rien de mal, car j'ai en Bretagne une mère qui est une sainte et deux nièces qui prient pour moi?

Celui qui a écrit dans son testament, daté du 29 mars 1889 :

(1) Napoléon III, sous ce rapport, était le digne héritier de son oncle, dont l'entourage fut toujours composé de francs-maçons. Dès le commencement du premier Empire, le territoire français comptait jusqu'à 1,200 loges maçonniques.

(2) On sait que les francs-maçons sont excommuniés, et que les prêtres ont besoin, pour les absoudre, de pouvoirs spéciaux de Rome.

« Dans la plénitude de mes facultés et de la foi catholique dans laquelle j'ai été élevé, je mourrai demandant pardon à Dieu de mes fautes et à ceux que j'ai pu offenser pendant ma trop longue vie. Je tiens absolument, puisque les instructions ministérielles ne permettent plus aux militaires sous les armes d'entrer à l'église, à ce qu'aucun honneur réglementaire me soit rendu. Je ne veux pas qu'aucun discours soit prononcé sur ma tombe. Je prie seulement qu'on veuille bien placer sur mon cercueil l'épée que je portais habituellement quand je commandais mes braves et solides divisions des grenadiers et zouaves de la garde impériale. »

Mellinet aimait trop Pie IX pour n'être pas resté sincèrement chrétien. Aussi le bon et saint Père l'avait-il nommé Commandeur de l'ordre pontifical de Saint-Grégoire-le-Grand. Le général lui rendait affection pour affection, car, entrait-il dans une église, après une courte prière il se dirigeait vers le tronc du Denier de Saint-Pierre et y déposait une aumône, *par amour pour Pie IX,* disait-il.

On sait que sur cette terre d'Afrique où le vieux soldat avait conquis, à la pointe de son épée, presque tous ses grades, dans une suite de onze campagnes presque ininterrompues (de 1841 à 1851), il a fondé la ville de Sidi-bel-Abbès, et dans cette ville le premier monument, une église catholique. Or, c'est Mellinet qui, de sa bourse, contribua longtemps à l'entretien du premier curé.

Ainsi, son concours ne fut jamais acquis aux entreprises de l'impiété.

Après avoir été quelques années à la tête de la franc-maçonnerie, les ennemis de l'Église crurent pouvoir, à une certaine époque, le compter comme l'un des leurs. Bien vite ils furent détrompés, et dans une circonstance importante, alors qu'on lui demandait de souscrire à une mesure que réprouvait sa conscience de catholique, il leur dit en tirant son épée :

— Ma vie, venez la prendre si vous le voulez, mon consentement vous ne l'aurez jamais.

Le Breton se rappelait sa devise : *Potius mori quam fœdari.*

Il méritait bien de voir luire la complète lumière de la vérité assez à temps pour montrer à ses concitoyens presque un quart de siècle d'une vie vraiment chrétienne, d'une piété parfois vraiment admirable. Aussi, quand approcha le moment de quitter la terre, pendant les quelques jours de maladie (1) qui furent comme ceux du passé un héroïque combat; après avoir confessé ses fautes avec la simplicité d'un enfant; après avoir reçu son Dieu avec une piété vive qui tire des larmes de tous les assistants; après avoir lui-même dicté à un neveu aimé et digne de l'être tous les détails de ses obsèques avec cette simplicité et cette dignité qui ont dominé toute sa vie, le héros s'en est allé à Dieu. Comme un paladin du temps passé :

Il réclama le pardon de Dieu.....
Puis lui tendit le gant de sa main droite.
Alors sa tête s'est inclinée sur son bras
Et il est allé mains jointes à sa fin.

Étendu sur son lit funèbre, portant sur sa poitrine l'étoile de l'honneur (2), son épée de Magenta à ses côtés, et, comme lui-même l'avait demandé, la croix entre les mains, le vieux soldat semblait reposer dans la sérénité du triomphe après avoir livré une dernière bataille.

Dormez, général, votre glorieux sommeil. Votre nom est inscrit parmi les braves guerriers. Trois étoiles brillent sur

(1) Un accident singulier a amené sa mort. Une conduite d'eau s'est rompue au-dessus de sa chambre à coucher, et son lit a été inondé d'eau glacée pendant la nuit. De là une fluxion de poitrine à laquelle n'a pu résister le vieux général, âgé de quatre-vingt-seize ans. Il est mort en janvier 1894.

(2) La liste serait longue de toutes les décorations que lui prodiguèrent à l'envi tous les souverains de l'Europe; mais comme tant d'autres glorieux soldats sa devise préférée était celle-ci : *Plus d'honneur que d'honneurs.*

votre bonne épée, mais on voit également trois étoiles resplendir à votre front : ce sont la foi, le patriotisme, la vaillance.

Un trait pour finir.

Chose surprenante chez un homme qui avait vécu à la cour du second Empire, le bon et brave Mellinet avait la haine des mirliflores.

Naguère (ce fut lors de son dernier voyage à Paris), il arrive, une petite sacoche à la main, sur le quai de la gare de Nantes.

Le train va partir. Le général s'approche d'un compartiment de première, ouvre la portière et aperçoit... un beau jeune homme, en chemise rose, cravaté de rose et les doigts couverts d'énormes diamants.

— Oh! sapristi! s'écrie-t-il en faisant quatre pas en arrière, sans doute la première fois de sa vie qu'on le vit reculer.

Mais presque aussitôt il refait quatre pas en avant, et, s'adressant au beau jeune homme :

— *C'est le compartiment des dames seules,* ricane-t-il. Je vous demande pardon, Madame, je n'avais pas vu.

Et il s'éloigne après avoir refermé la portière... et certes avec fracas.

C'est qu'il était plein d'esprit, le général, et c'est grâce à ces qualités d'esprit et de cœur, aux charmes de sa conversation que des amitiés respectueuses et ferventes l'entourèrent de soins dévoués, d'égards touchants, de délicatesses exquises jusque sur son lit de mort.

MERMILLOD (Mgr)

ÉVÊQUE, CARDINAL

(1824 — 1892)

« Prêtre ! ce mot éveillait dans l'esprit de l'abbé Mermillod les plus graves obligations. »
(A. B.)

Le cardinal Mermillod tient une place assez considérable dans l'histoire de l'Église au XIXe siècle pour qu'un souvenir lui soit donné dans ces pages.

Tombé malade au pied du Salève, à deux pas de ce faubourg de la cité genevoise, Carouge, où il était né, le 22 septembre 1824, dans la boutique d'un boulanger, il est mort à Rome au mois de février 1892.

Le jeune Mermillod avait commencé ses études au collège mixte de la Rome protestante, Genève. A quinze ans, il était placé au petit séminaire de Chambéry, d'où, sa rhétorique terminée, son protecteur, le chanoine Rendu, l'envoie à Fribourg. Là, ayant achevé ses études, le jeune homme recevait la prêtrise des mains de Mgr Marilley, le 24 juin 1847.

Prêtre ! ce mot éveillait dans l'esprit de l'abbé Mermillod l'idée des plus graves obligations. Le prêtre, à ses yeux, devait briller par sa vie, son zèle et son savoir, qualités précieuses qui allaient le distinguer bientôt. Nommé vicaire à l'église catholique de Genève, il comprit ce que la presse renferme de ressources pour le bien et mit tout son œuvre pour la développer.

Tout d'abord, par ses soins, fut fondé l'*Observateur catholique*, et plus tard, les *Annales catholiques* de Genève. Les articles qu'il y publia attirèrent sur lui l'attention ; le jeune prêtre était bien l'homme de son temps, comprenant les besoins de ce siècle agité ; essentiellement actif, il s'était jeté dans la lutte pour Dieu et les âmes avec un zèle intelligent et sans limites.

Mais l'abbé Mermillod était moins publiciste qu'orateur. Il le sentit, et la chaire eut désormais toutes ses prédilections. Il se fait exclusivement prédicateur, pour les catholiques et pour ses frères séparés de la religion protestante. A ceux-ci il prêche les vérités nécessaires à leur retour vers Dieu. Les catholiques avaient surtout besoin de fonds destinés à la construction d'une église qui manquait à Genève. L'abbé Mermillod était alors vicaire de l'unique curé de cette ville. La fondation d'une nouvelle église venait d'être résolue dans l'esprit du curé et du vicaire. Mais où trouver l'argent nécessaire ?

— Il faut aller quêter en France, dit M. Dunoyer à son vicaire. La grande nation catholique ne refusera pas son concours fraternel.

Un mois plus tard, l'abbé Mermillod arrivait à Paris et obtenait une audience de Mgr Sibour.

— Mon cher enfant, lui dit l'Archevêque, nous avons eu de vos nouvelles et nous savons que vous combattez le bon combat. Vous recevrez les félicitations de mon clergé comme vous recevez les miennes. Mais ce n'est pas le clergé qui peut remplir entièrement votre bourse de quêteur. Il faut trouver moyen d'intéresser les fidèles à votre œuvre, ou vous risquerez de frapper à des portes qui refuseront de s'ouvrir.

— Je compte beaucoup sur le secours du Ciel, Monseigneur.

— Vous avez raison, le Ciel ne vous abandonnera pas.

Au même instant, on vient dire au prélat que M. Desgenettes, curé de Notre-Dame des Victoires, demandait à lui parler pour une affaire pressante.

— Faites entrer.

— Restez, dit l'Archevêque à M. Mermillod, qui voulait se retirer.

M. Desgenettes entra.

— Vous me voyez dans la désolation, Monseigneur, dit-il d'une voix émue. Je n'ai plus de prédicateur pour la station du Carême. Le prêtre sur lequel je comptais est dans l'impossibilité absolue de tenir la promesse qu'il a faite. Voici une lettre que je reçois au dernier moment. Qu'allons-nous devenir ?

— Homme de peu de foi, dit l'Archevêque en souriant. Est-ce que la Sainte Vierge ne fait pas toujours des miracles pour vous ? Tenez, continua-t-il en désignant l'abbé Mermillod, voici votre prédicateur.

Le vicaire de Genève voulut se récrier, l'Archevêque lui ferma la bouche.

— Oh ! je devine ce que vous allez me dire : vous n'êtes pas préparé. Je le sais bien. Mais voici le cas de manifester votre confiance dans le secours du Ciel, dont vous me parliez tout-à-l'heure. Allez, je vous bénis.

Puis, se retournant vers M. Desgenettes :

— C'est chose entendue, emmenez-le.

Voilà comment l'abbé Mermillod débuta dans cette série de prédications éclatantes qui rendirent son nom célèbre. Après cette station, il est successivement appelé dans les principales églises de la capitale, où il obtient le même succès. Partout sa parole claire, élégante, chaude, avec des allures toutes modernes, lui conquit les suffrages. Son accent, doux et vibrant à la fois, produisait une vive impression ; sa conviction souveraine subjuguait, une lumière et une grâce semblaient sortir de lui. L'orateur avait une physionomie très fine et très expressive, à ce point qu'on eût pu lui faire le compliment d'Anne d'Autriche, parlant du cardinal de Retz : *Il plut beaucoup; Paris se le disputa.*

Toutes les grandes villes désiraient à l'envi écouter sa parole ; mais lui, loin de sa patrie, entendait la voix de ses compatriotes qui l'appelait, des catholiques qui n'avaient pu se résoudre à le voir se séparer d'eux. Le jeune orateur revint donc à Genève, et, après avoir relevé le courage des catholiques et le prestige de la religion dans sa ville natale, il en devint bientôt le curé, fut le promoteur de la construction de la belle église Notre-Dame, donna une vive impulsion à toutes les œuvres catholiques, si bien que son zèle inspira des inquiétudes aux protestants. Ceux-ci n'étaient pas loin de le considérer comme un homme dangereux. Peu après, sa nomination, par Pie IX, d'évêque d'Hébron, *in partibus infidelium*, mettait le comble à leur mécontentement qui se traduisit par une certaine agitation.

Les amis du nouveau prélat s'en montrent inquiets. L'évêque, lui, ne s'en émeut pas ; mais, pour éviter une bagarre toujours possible quand le fanastime religieux se met de la partie, il s'arrête à une station voisine de Genève, habitée par ses vieux parents, et va directement à la cathédrale avant son départ.

L'église est pleine. Un revirement s'est produit au sein même de la population protestante, sous l'influence de sa parole calme et prudente, et tous les fronts s'inclinent sous la main bénissante du pontife. Mgr Mermillod était nommé du même coup Évêque auxiliaire de Lausanne.

Ce qui donnait à sa parole et à son action une autorité plus décisive encore, c'était le genre de vie de l'apôtre de Genève. Adonné à la pratique des conseils évangéliques et des règles ecclésiastiques les plus strictes, sa vie active n'empêchait point une vie d'étude. Un pontife à ses yeux était un prince, prince par la dignité et les vertus. Pureté de vie et savoir, il avait ce double prestige, se rappelant cette parole d'un grand évêque de Poitiers : « Le saint, s'il n'est savant, ne rend de service qu'à lui-même, et s'il n'est saint, le savant n'a qu'une science sans autorité. La vertu est le plus bel ornement du savoir, et le savoir le plus bel ornement de la vertu. Un évêque ne peut avoir une foi en l'air. S'il lutte, il faut qu'il ait toutes les chances (1). »

La science, la pureté de vie, l'abnégation, le dévouement infatigable, la charité brûlante, tel est l'idéal que se forme l'évêque de Genève au début de sa vie apostolique, et qu'il va, par la grâce de Dieu, pleinement réaliser dans les œuvres créées par lui dans sa ville épiscopale.

Le gouvernement fédéral avait protesté contre la nomination de Mgr Mermillod comme vicaire apostolique; mais Pie IX maintint ce titre, et bientôt l'autorité civile, exaspérée de voir le catholicisme faire d'inquiétants progrès pour la Réforme, eut recours à la persécution : elle exila l'apôtre de Genève. Chose curieuse, ce fut un fabuliste honnête et doux qui se fit le plus ardent proscripteur, M. Carteret. L'Évêque, condamné à l'exil, fut pris et conduit entre deux gendarmes jusqu'à Ferney, dans une maison éclatante de blancheur, au fronton de laquelle furent placées ses armes épiscopales (2), comme pour marquer que le prélat ne se sentait pas vaincu et ne voulait pas désarmer.

En même temps, l'église Notre-Dame est confisquée et livrée aux vieux catholiques. Le courageux prélat allait donc souffrir pour la foi, mais avec résignation et bonheur. Loin de son foyer, loin des siens et des âmes dont le Ciel lui avait confié les éternelles destinées, sans trêve ni repos, il allait parcourir l'Europe, offrant à Dieu, pour le triomphe de la religion, sa liberté, sa vie et tous les vœux les plus ardents

(1) Saint Hilaire.

(2) Cette maison était située en face de l'allée qui mène au château de Voltaire. Un trait à ce sujet :

Un jour, Voltaire, se promenant dans cette allée avec un ami, avait vu passer sur la route le curé de Ferney qui portait le saint Viatique à un malade. Par un reste de respect, le philosophe impie se découvre :

— Tiens, fait l'ami, je vous croyais brouillé avec le Christ?

— Nous nous saluons, mais nous ne nous parlons pas, répondait Voltaire, qui, à quelques pas de là, avait fait élever une chapelle, aujourd'hui convertie en cellier, sur les murs de laquelle on lit encore l'inscription gravée par lui : *Deo erexit Voltaire.*

de son âme, vivre et mourir au milieu de ses fidèles de Genève.

Comme le grand pontife saint Hilaire de Poitiers, il dut s'écrier :

— Demeurons éternellement proscrit, pourvu que la vérité soit prêchée !

Cette vérité allait de Ferney se répandre en France, en Belgique, en Italie et dans l'Europe entière ; partout la parole éloquente de l'exilé sera puissante pour susciter des enthousiasmes, des dévouements, des sacrifices d'argent pour les œuvres saintes.

Notre pays, notamment, eut le bonheur de voir fréquemment les succès de son apostolat. Un publiciste de la presse parisienne saluait en ces termes le noble proscrit :

« Mgr Mermillod, écrivait P. de Cassagnac, que d'infâmes renégats ont chassé de sa cure de Genève, s'est réfugié sur cette terre de France, à laquelle, depuis longtemps, il a voué son ardente charité.

» Égarés par des misérables qui trouvaient trop austère la religion catholique, telle que la pratiquait cet homme de bien, et qui flattaient en eux ces éternels appétits qui servirent toujours d'origine à tous les schismes, les Suisses ont renvoyé l'apôtre qui, par son éloquence et ses vertus, doit les illustrer malgré eux. Et il semble que Pie IX avait comme un pressentiment du rôle éclatant que devait jouer ce nouveau confesseur de la foi chrétienne, lorsqu'il demandait à le sacrer lui-même évêque, ce qu'il n'a fait presque pour personne.

» L'évêque d'Hébron a fait une chose que peu de personnes connaissent. Pendant la guerre, et alors que nous étions prisonniers en Allemagne, c'est de Genève que partaient la plupart des secours qui nous parvenaient dans la Prusse orientale. Le presbytère de Genève était l'endroit d'où rayonnaient sur nos pauvres soldats tous les secours matériels et toutes les consolations morales.

» C'est là qu'on inventa le moyen de faire parvenir aux familles éplorées des nouvelles certaines de leurs fils, considérés comme perdus. Des registres étaient envoyés dans toutes les villes d'Allemagne; chaque soldat y mettait un mot pour les siens, et ces registres revenus à Genève étaient découpés et envoyés, par les soins de Mgr Mermillod, à tous ceux, parents ou amis, qui pouvaient s'intéresser au sort des pauvres prisonniers.

» Pendant six mois, Mgr Mermillod n'a pas cessé de s'occuper de la France, et à cette heure qu'il était proscrit, il est utile qu'on sache ce qu'il a fait pour nous, cet étranger plus français qu'aucun des nôtres, afin qu'il trouve sur notre sol hospitalier, non seulement le respect tout particulier que commande son saint caractère, mais encore l'honneur que peut donner seul l'élan de la reconnaissance d'une grande nation. »

Ajoutons à ces lignes que les secours en argent procurés par Mgr Mermillod à nos malheureux soldats se sont élevés à plus de *cinq cent mille francs*, et que des dons en nature ont été fournis par lui pour une somme au moins aussi considérable.

On juge ainsi du zèle et de la charité que le prélat a déployés pendant ces douloureuses circonstances.

En même temps, il ne perd pas de vue les intérêts de sa chère église de Genève et des âmes de cette cité. Les vieux catholiques, ayant mis la main sur trois prêtres apostats, l'Évêque exilé prononce contre ces derniers une sentence d'interdit, où il défend à tous les fidèles de communiquer avec ces malheureux schismatiques. Sa lettre était terminée par ces mots :

« Seigneur, jetez un regard de bonté et de miséricorde sur l'héritage que vous m'avez confié; rendez la paix à ce troupeau, la liberté à mon ministère; conservez la foi à ces chères populations; convertissez les égarés.

» Grand Dieu! jugez notre cause qui est la vôtre.... Ce n'est pas sur les appuis terrestres, c'est en vous, Seigneur Jésus, qu'est notre force et notre secours (1). »

Au milieu de ces épreuves et malgré elles, le prélat avait certes le droit, plus que tout autre, de proclamer que l'Église est vivante, que, malgré les chaînes dont on veut la charger, elle parle, elle agit.

« Et les huit cents évêques, assemblés auprès du Pape pour la proclamation du dogme de l'Immaculée Conception, ajoutait Mgr Mermillod, s'en vont porter cette parole sur toutes les plages et dans toutes les contrées; et, tandis que la parole des philosophes ne parvient pas à réunir dans une communauté de foi deux cents disciples, deux cents millions de catholiques répondent à la voix de l'Église : *Je crois*.

» Et non seulement l'Église catholique croit et agit par ses millions de cœurs, mais elle résiste. »

Le saint Évêque n'en est-il pas la preuve vivante? Ici ne voulant pas parler de sa personne, l'éloquent apôtre parle du Chef de la catholicité :

« L'Église résiste au césarisme d'en haut et à la démagogie d'en bas. Relégué au Vatican, comme sur la colonne de douleurs, Pie IX, avec son sceptre de souverain temporel brisé et son manteau royal en lambeaux, est encore aujourd'hui la puissance inébranlable qui résiste à l'oppression. L'Église et la Papauté ne périront pas, et quand les puissances temporelles s'applaudiront d'avoir creusé notre tombeau, l'ange leur apparaîtra pour annoncer la résurrection, pour leur apprendre que nous sommes vivants et que nous sommes immortels. »

Ces paroles, dites à Namur en 1874, étaient bien propres à ranimer les espérances des catholiques, et à montrer que le prélat lui-même ne pouvait faiblir dans sa lutte contre la violence et la tyrannie.

Au mois de juin de la même année, Lille avait le bonheur, au milieu de fêtes splendides, de donner asile au vénérable

(1) De Ferney, 13 octobre 1873.

proscrit qui fut reçu en triomphe. Au Cercle catholique dont il avait béni les débuts six ans auparavant, il fit un admirable discours. Sa parole, tour à tour sublime et enjouée, captiva toutes les âmes. L'Église et ses grandeurs, Pie IX et sa mission providentielle, l'Immaculée Conception et sa haute portée dogmatique, le *Syllabus* et ses enseignements, le Concile du Vatican et ses admirables résultats, toutes ces grandes choses furent traitées par Mgr Mermillod avec une élévation de pensées, une finesse d'aperçus, une éloquence émouvante et émue dont les auditeurs se souviendront toujours.

Aux fêtes du couronnement de Notre-Dame de la Treille, le courageux prélat s'est dépensé sans trêve pendant une semaine, prêchant en particulier les hommes et les femmes. Le matin, c'est Marie comme Vierge, comme mère, comme martyre, qu'il présente à l'imitation des chrétiennes de nos jours, avec cette élévation, cette finesse et ce caractère pratique qui instruisait, émouvait et touchait en même temps.

Le soir, il rappelait à l'homme ses devoirs au milieu des jours troublés que nous traversons.

« Il faut établir le règne de Jésus-Christ dans la société, comme dans la famille, comme dans son cœur. Il faut combattre, le front haut, à découvert, contre ceux qui attaquent cette doctrine par leurs enseignements ou par leur vie; c'est là notre vocation, nous à qui le Seigneur a confié le salut de notre prochain, nous qui nous trouvons dans une société, dans une contrée, en des familles dans lesquelles dominèrent l'esprit d'indifférence ou de scepticisme et l'amour du lucre ; nous devons, pour faire arriver le règne du Seigneur, donner notre temps, notre fortune, notre voix, notre âme tout entière. »

On ne saurait dire l'effet que la parole facile, ardente, sublime de l'illustre exilé produisait à travers les hommes qui se pressaient dans l'enceinte trop étroite. Par instant, on sentait de ces frémissements qu'on n'avait entendus qu'à certains jours, où le grand conférencier de Notre-Dame de Paris s'était élevé aux accents de la plus haute éloquence. Bien que plusieurs archevêques et évêques fussent présents, ainsi que des notabilités du monde parlementaire, Mgr Mermillod fut vraiment le héros de la fête.

En 1875, l'église de Notre-Dame de Genève fut l'objet d'un nouvel acte de vandalisme et d'abus de la force de la part du gouvernement suisse. La placer sous séquestre comme elle l'avait été depuis l'exil du prélat était déjà un acte de souveraine injustice, puisque tous les catholiques en avaient payé tous les frais de construction; mais l'ouvrir violemment pour la livrer aux nouveaux schismatiques vieux-catholiques, quand un procès était pendant et une décision juridique attendue, c'était vraiment un acte que nulle expression ne pouvait assez énergiquement flétrir. L'Évêque, alors exilé à Ferney, eut assez de générosité, de force d'âme et de charité apostolique pour adresser une lettre de ferme et courageuse protestation aux membres de la Commission municipale qui avaient fait crocheter les portes de l'église violée. L'évêque de Genève établissait que, de concert avec son vicaire général, il avait réuni 800,000 francs provenant de dons des catholiques, et que seuls, à leurs risques et périls, tous deux étaient les constructeurs de cette basilique, destinée exclusivement au culte catholique romain. Il fait appel à tous les sentiments de justice et du droit naturel et légal, et conclut en conjurant les auteurs de ce crime de ne pas persévérer dans la voie d'injuste spoliation où ils étaient entrés.

Cette protestation, comme bien on pense, n'arrêta point les exécutions de la tyrannie, mais ce cri de l'âme du pontife trouva de l'écho dans les cœurs de l'univers entier. Quelques mois après, le lord-maire de Dublin, ayant organisé des fêtes splendides en l'honneur du grand libérateur de l'Irlande, O'Connell, Mgr Mermillod, invité, eut le regret de ne pouvoir y assister. Avec plus de fureur que jamais, la persécution sévissait sur les prêtres et les fidèles du canton de Genève.

« Milord, écrivait le prélat, j'espérais avoir l'honneur et la joie de prendre part aux grandes fêtes de l'Irlande, mais, hélas! Dieu m'impose un rude sacrifice : une indisposition subite et la persécution qui grandit à Genève m'obligent à rester à mon poste d'exil.

» J'avais besoin, dans mes angoisses et dans nos luttes, de retremper mon âme au souvenir d'O'Connell et au contact du peuple d'Irlande. Bien des liens m'attachent à la verte Érin. Saint Colomban n'a-t-il pas évangélisé la Suisse? L'apostolat des saints de votre pays a été fécond sur notre sol helvétique.

» Il y a quelques années, dans une des grandes chaires de Paris, je plaidais la cause de ce peuple tour à tour confesseur, apôtre et martyr. D'ailleurs, quand les apôtres ont-ils plus besoin de se fortifier pour les combats en faveur de la sainte Église de Dieu? Est-ce que, dans le monde entier, le césarisme païen et la démagogie incrédule ne se donnent pas la main pour tenter d'asservir l'Épouse du Christ?... Les fêtes d'O'Connell que vous préparez me semblent un cri jeté au monde, lui redisant les fières et énergiques paroles : *Souviens-toi de ton âme et de ta liberté.*

» Oui, sa voix n'est pas éteinte, elle apprend à tous le devoir d'unir le patriotisme à la religion, la résistance légale sans complicité avec la Révolution, la confiance au droit et à la justice au milieu des plus grands orages et des plus redoutables persécutions.

» Des rivages de l'Irlande, vos acclamations retentiront au cœur des catholiques suisses, vos fêtes vous feront entrevoir l'aurore d'un avenir meilleur.

» Merci, Mylord, d'avoir songé à me convier à vos fêtes. L'évêque exilé, hélas! ne peut s'associer que de loin aux prières et aux joies de votre éminent Cardinal, de votre illustre épiscopat, de votre clergé dévoué et de votre peuple admirable. »

Cependant le Conseil fédéral, ennuyé des embarras de la

situation religieuse qui était son fait, depuis plusieurs années cherchait un moyen de terminer la guerre, déclarée si imprudemment, sans accepter d'être froissé dans son amour-propre. Déjà, en 1872, la *Gazette de Lausanne* avait publié un article à sensation, annonçant que le Conseil fédéral était sur le point de nouer des négociations avec le gouvernement du canton de Fribourg en vue de la réorganisation du diocèse de Lausanne-Genève sur la base suivante : Mgr Mermillod, alors vicaire apostolique de Genève, serait nommé coadjuteur de l'évêque de Lausanne, et les deux fractions du diocèse seraient de la sorte réunies.

Fausse assurément était cette nouvelle, mais elle témoignait du désir qu'avait le Conseil fédéral de se débarrasser d'une question ennuyeuse, celle de l'expulsion de Mgr Mermillod, citoyen suisse, exilé contrairement aux articles 44, 45 et 46 de la Constitution.

En 1879, répondant à ces bruits sans cesse renouvelés, le prélat suisse en profite pour louer le clergé genevois de son courage dans la persécution :

« Ce qui restera le vrai caractère de cette lutte, c'est la dignité élevée de votre conduite. Vous avez toujours eu devant les yeux les principes chrétiens, le devoir et le droit. Vous êtes restés les serviteurs loyaux de notre patrie, rendant à Dieu ce qui est à Dieu, et à César ce qui est à César.... L'expérience est faite : ces six années ont convaincu les hommes impartiaux que les mêmes coups qui blessaient les catholiques, frappaient aussi la prospérité et les libertés publiques.

» Grâce à Dieu, grâce à votre pauvreté et à votre travail, grâce au courage avec lequel plusieurs de vous ont affronté la prison et l'exil, l'opinion publique s'est émue; elle a compris que Genève ne pouvait pas être, en plein XIXe siècle, et au milieu de l'Europe, le refuge de tous les proscrits, et proscrire en même temps l'Église catholique; que Genève ne devait pas se glorifier d'être une terre de liberté et être la citadelle de la force brutale qui s'empare des églises, viole les tabernacles et opprime un clergé dont nul ne peut suspecter le patriotisme.

» La violence a son temps d'arrêt; nous voulons espérer l'ère d'apaisement; nous y travaillerons tous, désintéressés de nous-mêmes et préoccupés de la justice, de cette justice qui seule élève les peuples.

» L'histoire le dit : *Rien ne renverse le catholicisme....*

» Soyez confiants et gardez l'union des esprits et des cœurs; tôt ou tard il se fera chez nos concitoyens un retour de générosité; nous gagnerons leur estime, et nos compatriotes défendront en nous, comme pour eux-mêmes, nos droits constitutionnels, impliquant une liberté religieuse pleine et entière. »

Cette lettre, dont nous ne pouvons citer qu'une faible partie, est digne des grands évêques du IVe siècle, proscrits par les Empereurs romains et sachant conserver, avec la dignité et la foi, la confiance dans l'avenir; elle montre bien les nobles sentiments qui agitaient le grand cœur de l'Évêque.

Ce fut, en réalité, sur les bases indiquées plus haut que Pie IX accepta enfin la paix que lui offrit le Conseil fédéral, et le jour de la victoire pour l'Église parut enfin, jour de joie immense pour le vénérable exilé et pour les prêtres catholiques fidèles. Mgr Mermillod fut alors nommé par le Pape Évêque de Lausanne et de Genève. L'exilé rentra dans sa patrie. Avec quelles marques de triomphe et d'allégresse il fut reçu, on peut le deviner après de si longues années d'exil.

Le voici donc occupé de son diocèse avec une activité nouvelle et infatigable.

Rappeler ici tout ce qu'a fait le prélat pendant ces dernières années de son épiscopat serait trop long : création de nouvelles paroisses, agrandissement du séminaire diocésain, missions prêchées sur tous les points du diocèse, fondation de l'Université de Fribourg, œuvres de charité et de persévérance, ce fut un renouveau complet sous l'impulsion de l'Évêque. En 1890, Léon XIII voulut récompenser Mgr Mermillod en le créant cardinal. Tous les catholiques unis à de nombreux protestants, heureux de cette promotion, la célébrèrent par des fêtes pleines d'éclat.

Appelé à Rome, l'évêque de Genève vit sa santé aller sans cesse déclinant. L'été de 1891 lui étant devenue funeste, le Pape lui permit de revenir en Suisse, dans l'espoir que l'air des montagnes redonnerait au malade des forces, qui, hélas! ne sont point venues. C'est là qu'il a terminé son existence pénible et méritoire.

Le Collège des cardinaux a perdu en Mgr Mermillod un de ses membres les plus éminents, et l'Église catholique un de ses serviteurs les plus dévoués. Toutefois, il ne meurt pas tout entier. Le souvenir de sa patience en exil et de son courage dans la persécution vivra longtemps. De plus, ses sermons, ses retraites et panégyriques ont commencé d'être réunis en volumes. Il restera donc quelque chose de son talent, si merveilleusement adapté aux besoins et aux idées de notre siècle.

Dans les dernières années, ce talent s'était adouci et affiné, en même temps que le caractère du prélat était devenu tout à fait calme, doux, spirituel et aimable : c'était le cachet de la vertu et de la grâce perfectionnant la nature.

Dans le merveilleux apostolat de Mgr Mermillod, on trouve plusieurs anecdotes intéressantes (1). En voici une qu'il a racontée lui-même dans ses conférences aux dames de Lyon.

« L'abbé Mermillod, on le sait, occupait dès l'origine une position exceptionnelle à Genève ; aimé et respecté des catholiques comme des protestants, il était dès lors prophète dans son pays et faisait mentir le proverbe.

» La cité de Calvin est un vrai caravansérail et la mission

(1) V. *Le cardinal Mermillod : sa vie, ses œuvres, son apostolat;* par De Belloc.

du prêtre catholique doit s'y exercer dans les plus étranges contrastes. Princes, religieux, artisans, voyageurs de tous les rangs et de toutes les positions venaient frapper à la porte de l'abbé Mermillod.

» Une actrice, de passage à Genève, se présente un jour à la cure. Elle annonce qu'elle a une petite fille arrivée à l'âge de faire sa première communion, et que son plus vif désir est qu'elle accomplisse ce devoir chrétien.

» — La chose est bien simple, Madame, répond l'abbé Mermillod; mais à condition qu'elle n'ira plus au théâtre, et qu'elle sera instruite et préparée.

» — Serez-vous assez bon pour nous faire une visite? demanda l'actrice.

» — Certainement, Madame; je verrai où en est votre fille comme instruction religieuse. »

Mais laissons la parole à Mgr Mermillod.

« Quelques jours s'étaient écoulés sans que je me fusse souvenu de l'engagement pris, lorsque, passant dans la rue où habitait l'actrice, je frappe à sa porte. Ma visite était attendue à tel point que le domestique, bien qu'on fût à table, insista pour que je montasse. Il m'introduisit dans la pièce même où tout le personnel du théâtre était à dîner. Je balbutiai quelques paroles d'excuses, me disposant à me retirer, mais on me retint et je dus prendre mon parti.

» On m'offrit un siège et même un couvert. Je me résignai à m'asseoir, sans aller plus loin.... La conversation fut bientôt engagée et je vous laisse à penser si la situation était nouvelle pour une pareille société. Habitués à donner des spectacles, les acteurs étaient charmés d'en avoir un.

» Tout à coup la petite fille, véritable enfant terrible, s'approche de moi et me dit qu'il y avait là, dans le fond, une dame qui désirait vivement me parler, mais qui n'osait pas.

» C'était une jeune actrice de vingt-cinq ans, qui, interdite de se voir aussi brusquement mise en scène, ne trouva d'autre ressource que de rejeter la conversation sur la petite fille, disant qu'elle assisterait volontiers à sa première communion.

» — Rien n'empêche, lui répondis-je, et il y aurait quelque chose de mieux à faire, ce serait de vous joindre à elle.

» — Moi, Monsieur, une excommuniée !

» — Excommuniée? Non. Il y a remède à tout ; d'ailleurs vous n'êtes pas exclue de la confession.

» Jetées au milieu d'une réunion pareille, ces paroles firent l'effet d'une bombe, et les rires et les bons mots de pleuvoir.

» — Ce serait le cas de vous faire un sermon sur la confession, repris-je. Dans ce monde, ce qui fait agir, le plus souvent, ce sont les applaudissements de ceux qui nous entourent. Ainsi, vous, par exemple, ce sont les acclamations de la salle qui vous font dévorer bien des ennuis, sans doute. Mais nous n'avons pas cette ressource. Il faut donc qu'il y ait quelqu'autre mobile qui nous fasse agir, et ce mobile est d'une nature supérieure aux choses de ce monde.

» Je n'étais moi-même que médiocrement satisfait de cette démonstration, lorsque, jetant les yeux du côté de la fenêtre, j'aperçus un bateau à vapeur qui remontait le lac.

» — Tenez, leur dis-je, vous comprendrez peut-être mieux ce que c'est que la confession, par la comparaison que je vais vous faire. Vous voyez ce bateau qui passe ; ce qui le fait aller, c'est la vapeur contenue dans la chaudière. Or cette chaudière est exposée à éclater lorsque la pression de la vapeur est trop forte, et, pour prévenir les affreux accidents qui en résulteraient, on a soin de créer une soupape, qu'on nomme soupape de sûreté. Eh bien, le cœur humain aussi est une chaudière ; elle est soumise à la double pression des fautes et des chagrins, et, de temps à autre, d'épouvantables explosions en résultent, si la soupape de sûreté ne s'ouvre pas à temps. Or, ici, la soupape de sûreté est la confession. Lorsque le cœur de l'homme est oppressé outre mesure par le remords ou la souffrance, la seule alternative qui lui reste est celle de la confession ou du suicide.

» On avait écouté avec attention ces dernières paroles. Je pris aussitôt congé de la réunion; mais comme je me retirais, la jeune actrice, qui s'était jusque-là tenue à l'écart, s'avança vers moi manifestant l'intention de me suivre.

» — Tiens, lui demandèrent les autres, où allez-vous donc? Auriez-vous, par hasard, l'intention de vous confesser?

» — Pourquoi pas? répondit-elle; que vous importe?

» Elle sortit avec moi. A peine étions-nous seuls qu'elle se jette à mes genoux et me dit :

» — C'est Dieu lui-même, Monsieur, qui vous a envoyé auprès de moi. Je ne sais si vous avez lu dans mon cœur, mais j'étais très fermement résolue, il y a peu d'instants encore, à me détruire ce soir même.... Je ne me suis pas confessée depuis sept ans.... Orpheline et dépourvue de tout secours, je me suis engagée dans une troupe, et Dieu sait combien j'ai souffert! Mais les chagrins que j'ai eus à endurer ces derniers jours ont été trop violents pour que je puisse y résister. Je comptais sur une affection que je croyais sincère, et j'ai été indignement trahie. Sifflée hier au théâtre, j'ai vu l'humiliation ajouter son amertume à mes douleurs. Orpheline, sifflée, trahie, j'avais résolu d'en finir avec l'existence; j'allais ce soir, après le dîner d'adieu, me précipiter dans le lac : vos paroles, votre alternative de la confession ou du suicide ont été pour moi un trait de feu.... Ayez pitié de moi!

» Elle quittait le théâtre dès le lendemain. La jeune fille et sa mère en faisait autant quelques jours après. La première communion ne tarda pas longtemps. Ces âmes persévèrent dans le courage du devoir chrétien. »

MIRIBEL (DE)

GÉNÉRAL, CHEF DE L'ÉTAT-MAJOR GÉNÉRAL

(1831 — 1893)

« Chrétien par l'éducation, il usait de sa science pour grandir sa foi. » (Mgr FAVA.)

« J'aime mon métier de soldat et rien ne saurait m'arracher à l'armée française. »

(DE MIRIBEL.)

De cet homme de guerre comme des grands chefs dont parle la Bible, on peut dire : « Le peuple d'Israël le pleura avec de grands sanglots, et son deuil dura de longs jours. »

Comme avaient été regrettés Chanzy et Courbet, ainsi, et plus qu'eux peut-être, le fut Miribel. Tous ces officiers supérieurs ont disparu au moment où de grandes espérances patriotiques se fondaient sur eux, alors qu'ils étaient en possession de la confiance de la nation, cette confiance qui est la meilleure qualité du chef devant l'ennemi, et qui souvent n'est obtenue qu'après avoir été depuis longtemps méritée.

Avant de se voir enlevés par des coups foudroyants, ces hommes s'étaient donnés à leur pays avec la même passion, lui avaient consacré le même dévouement. Ils avaient fait preuve du même héroïsme, honorant la France et la religion par leurs talents, leurs services et leurs vertus.

De ces trois soldats, le général de Miribel paraissait le plus nécessaire. « Aussi, disait Mgr Fava à ses funérailles, la France pleure son noble fils, Marie-François-Joseph de Miribel le héros de tant de combats, la gloire de notre armée par son génie militaire et ses travaux, le gentilhomme en qui la foi unie à la haute politesse formait un caractère séduisant et distingué : c'était, selon l'expression du jour, un charmeur. »

Un noble sang coulait d'ailleurs en ses veines. Son père fut un des officiers les plus distingués de la garde royale sous la monarchie de Juillet (depuis maire de Grenoble), et ses trois frères avaient illustré le nom aimé de Miribel dans l'artillerie et dans l'état-major.

Joseph *de Miribel*, né à Montbonnot (1), dans l'Isère, en 1831, après avoir passé par l'École polytechnique et l'École d'application de Metz, sortait de cette dernière avant d'avoir terminé ses études, à cause de la guerre de Crimée. Peu après, le jeune officier partait pour Sébastopol, où il arriva assez à temps pour prendre part aux opérations de ce siège mémorable, notamment à l'affaire du bastion central : sa valeur l'y fit décorer. La paix rétablie, et passé au régiment d'artillerie à cheval de la garde impériale, de Miribel prit part à la campagne d'Italie, où il fut grièvement blessé à Solférino, une balle lui ayant traversé les deux mains : ce qui lui valut les galons de capitaine.

Il promettait bien ce qu'il a tenu depuis, le jeune capitaine de Miribel, lorsque, au Mexique, on le vit monter bravement à l'assaut de Puebla, au second siège de cette place. L'attaque fut terrible : le siège, commencé le 18 mars 1863, ne se termina que le 17 mai suivant, après une lutte effroyable, où des deux côtés les combattants firent des prodiges de valeur.

Dans la nuit du 2 avril — les jours précédents, avaient été enlevées les deux formidables positions du Pénitencier et du couvent de Guadelupe, — le général Forey ordonna l'assaut de l'église San-Marco, tranformée également en une forteresse presque imprenable. Miribel fut chargé par le général de Laumière de commander la compagnie des encloueurs, qui devait prendre la tête de la colonne d'assaut.

L'opération s'exécuta au milieu de la nuit. Le général de Laumière, qui accompagnait ses artilleurs, est blessé mortellement ; Miribel, au moment où il atteignait le premier

(1) Aussi lieu natal du P. Didon.

parapet à la tête de ses soldats, reçoit une balle dans la tête. L'église, finalement, fut enlevée après un terrible combat.

Le lendemain, 3 avril, Miribel était cité à l'ordre de l'armée, et le général Forey lui attachait sur la poitrine la croix d'officier de la Légion d'honneur.

Le vaillant officier demeura au Mexique jusqu'à la prise d'Oaxaca, à laquelle il prit une part active. A cette époque, le capitaine de Miribel était entouré des officiers les plus brillants de l'armée française : le lieutenant-colonel La Faille, le commandant de La Jaille, mort récemment général de division (1), le capitaine Berge, depuis commandant le 14e corps d'armée et gouverneur de Lyon.

A sa rentrée en France en 1865, le maréchal Randon le prit comme officier d'ordonnance. Le maréchal était dauphinois comme Miribel. En quittant le ministère, il nomma Miribel chef d'escadron et lui donna le commandement d'un groupe de batteries au camp de Châlons. Au mois de décembre 1868, le commandant de Miribel était nommé attaché militaire à Saint-Pétersbourg, où siégeait une commission internationale, chargée de l'étude des engins explosibles.

De Miribel, qui était un causeur charmant et un homme plein d'esprit, s'attira toutes les sympathies des Russes, qui le voulurent près d'eux. Et le jeune officier resta auprès du général Fleury, ambassadeur de France à Saint-Pétersbourg. Il ne rentra à Paris que deux ans après, en 1870; il était promu chef d'escadron et fit partie de l'état-major du général Ducrot, qui avait deviné les hautes capacités de M. de Miribel.

Celui-ci, du reste, arrivé juste à temps pour s'enfermer dans Paris avant la venue des Allemands, se conduisit à ce siège comme il s'était conduit neuf années auparavant à Puebla, en brave et intelligent soldat; il se montra toujours

(1) Frère du vice-amiral de La Jaille, commandant l'escadre de la Méditerranée, et qui reçut les Russes à Toulon. Voir ici sa biographie.

héroïque, toujours en avant, plein de sang-froid, et jugeant toutes les situations avec le même calme, ce qui a constamment fait sa force. A Buzenval, à la Malmaison, au Bourget, à Champigny, partout il dut combattre ; il fit preuve d'une rare énergie et d'une science militaire remarquable, en particulier dans la défense du village de Rey, où, avec ses mobiles, le colonel Miribel battit les Wurtembourgeois.

Ah ! s'il avait commandé en chef, aurions-nous eu moins de défaites à subir !

Pendant le siège de la capitale, De Miribel fut, avec le général Ducrot, presque le seul officier supérieur qui ait fait preuve de résolution. Le sort lui fut clément. Comme il avait fait son devoir, et même plus que son devoir, et qu'il n'avait pas commandé en chef, la commission des grades l'épargna : il demeura colonel.

Général de brigade en 1875, quand le général Berthault lui confia la direction d'une mission militaire aux manœuvres de l'armée allemande, il eut une tâche difficile à remplir : c'était la première mission militaire à Berlin, depuis la guerre.

Miribel revint d'Allemagne, rapportant des documents tellement intéressants, que le ministre de la guerre résolut de l'appeler au ministère et de le nommer chef d'état-major général. Il n'en eut pas le temps. Ce fut lors de son passage si court au ministère de la guerre que le général de Rochebouët appela le général de Miribel comme chef d'état-major. C'était la première fois qu'un ministre plaçait à ce poste important un officier supérieur qui ne sortait pas de l'état-major ; aussi cette nomination fut-elle vivement commentée par les vieux généraux qui jalousaient beaucoup de Miribel. Pensez donc ! le général de Rochebouët rompait avec les anciennes traditions, et cela sans prévenir personne. Il n'en fallait pas davantage ; d'autant plus que, peu après, on voulut croire que le général de Rochebouët avait eu l'intention de faire un coup d'État. Au profit de qui ? On ne le saura jamais. De

Miribel fut enveloppé dans cette disgrâce avec le ministre, et envoyé à Orléans, puis à Lyon.

Mais les clameurs s'élevaient de nouveau deux années plus tard, quand Gambetta, qui venait de former « le grand ministère, » imposa au général Campenon, son collègue à la guerre, le général de Miribel comme chef d'état-major général. En agissant de la sorte, Gambetta heurta les radicaux, car Miribel passait pour un « réactionnaire, » et prépara sa chute.

Il est intéressant pour l'histoire de savoir dans quelles circonstances Gambetta fit ce choix.

Deux jours après la formation du grand ministère, au mois de novembre 1881, Paul Déroulède arrivait au quai d'Orsay où il fut reçu par Gambetta. On causa de choses et d'autres, quand Déroulède interpella Gambetta à brûle-pourpoint.

— Et Miribel, qu'en faites-vous?

Il convient d'ajouter que souvent il avait été question du général de Miribel aux déjeuners hebdomadaires où Gambetta, alors président de la Chambre, conviait ses amis de la veille et du lendemain. Un peu ennuyé de la question, Gambetta ne répondit rien. Déroulède insista.

— Le général, ne doit-il pas être votre chef d'état-major au ministère de la guerre. N'êtes-vous pas d'accord avec Campenon ?

Même silence.

On connaît l'auteur des *Chants du soldat* : il n'est pas homme à lâcher une idée quand il la croit bonne. Il fit tant et si bien que Gambetta finit par s'écrier :

— Demandez à Spuller.

Cette réponse n'était pas celle qu'attendait Déroulède. Il connaissait l'opposition obstinée de Spuller à la politique de conciliation que rêvait Gambetta et en particulier à la nomination de Miribel à la guerre.

Ce jour-là, une violente discussion eut lieu entre Déroulède et Spuller. Elle n'aboutit à rien. Déroulède ne se tint pas pour battu. Le surlendemain, à trois heures de l'après-midi, il se faisait annoncer de nouveau chez Gambetta.

Le Président du Conseil le fait entrer de suite et l'accueille par ces mots :

— Vous devinez quelle est ma résolution, n'est-ce pas, puisque je vous reçois ?

— Ah ! Monsieur le Président, répliqua Déroulède qui avait compris, vous êtes un grand patriote !

— Bah ! dit Gambetta, je suis tout simplement un Français et un mauvais politique. Je brûle mes vaisseaux, mais vous m'avez rappelé que l'on m'avait prêté ce mot : Miribel est le Moltke français. Si je ne l'ai pas dit, j'ai pensé que cela serait peut-être vrai, et ce ne serait pas la peine d'avoir tous les ennuis du pouvoir, si l'on n'en tirait quelque profit pour son pays. Seulement, je n'ai plus le temps de m'occuper de cette affaire qui m'a donné tant de tracas; faites le nécessaire, et amenez-moi, demain à dix heures, le général de Miribel.

On juge si M. Déroulède fut prompt à télégraphier à Lyon, où le général de Miribel commandait alors la 28e division d'infanterie.

Le général Campenon, partisan de la nomination de Miribel n'avait pas été prévenu ; mais on était assuré de son consentement.

Le lendemain, dix-huit novembre, vêtu de sa longue redingote, Déroulède se promenait à six heures du matin sur le quai d'arrivée de la gare de Lyon. L'express entre en gare : un monsieur à l'allure militaire, la rosette de la Légion d'honneur à la boutonnière, descend de wagon. Sans hésiter, Déroulède va droit à sa rencontre, et, se découvrant :

— Vous êtes le général de Miribel ?

— Et vous, monsieur Déroulède ?

Ils ne s'étaient jamais vus. La connaissance fut faite pendant que le coupé du Président du Conseil les conduisait à l'Hôtel Continental. A dix heures du matin, le géneral de Miribel était présenté à Gambetta, qui simplement lui dit :

— Vous avez été le chef d'état-major du général de Rochebouët. Voulez-vous, pouvez-vous être le nôtre?

— Monsieur le Président, répondit le général, je n'ai jamais fait de politique, je n'en ferai jamais.

Ce fut tout. Il n'y eut point d'autre engagement réciproque, et l'on n'a pas oublié avec quel généreux emportement le général Campenon couvrit son subordonné et son collaborateur attaqué à la Chambre.

Il y a peu de plus belles pages dans la vie de Gambetta, car le choix du général de Miribel avait une portée immense, et le chef du ministère s'exposait à la colère de tous les fanatiques et aux imprécations de l'extrême-gauche. On le vit bien peu de temps après, puisque cette nomination allait déterminer sa chute.

D'une grande bonté, très doux avec ses inférieurs, le général de Miribel avait coutume de s'enquérir de la situation de tous ceux qui lui demandaient audience. D'ailleurs, il recevait tout le monde, petits et grands, avec une affabilité parfaite.

« C'était, a dit un de ses officiers, un travailleur infatigable. On ne saura jamais quelle besogne il abattait chaque jour, pendant qu'il occupait le poste de chef d'état-major. Sa vie, fort simple, était admirablement réglée. Levé à six heures, il se rendait à sept à son bureau. A midi, il déjeunait, et vers une heure et demie, il reprenait le chemin du ministère où il demeurait jusqu'à sept heures du soir. C'est ainsi que sa besogne était accablante (1), et nul mieux que lui ne pouvait la mener à bien. »

(1) Au terme même du décret du 7 mai 1890, qui avait institué l'état-major, voici quelles sont ses attributions :
Mobilisation de l'armée et sa concentration en cas de guerre.

C'est le témoignage rendu par tous les hommes capables de l'apprécier.

Cinq semaines avant la nomination de Miribel à ce poste éminent, le général de Martimprez parlait ainsi :

» Un nom sur une lettre de service ne suffit pas à faire un bon major-général, il lui faut une solide préparation à sa tâche, presque surhumaine. C'est que, on l'a vu, cette tâche est colossale... Nul, mieux que le général de Miribel, ne peut s'en acquitter plus parfaitement; nul ne rencontrera dans l'armée de concours plus dévoué, au dehors un accueil plus chaleureux. »

Depuis des années, son nom, sonore comme un appel de clairon, est connu du public, qui visiblement a un penchant pour lui et s'est laissé gagner par la confiance des troupes dans le commandement du 6e corps d'armée.

Rien de plus justifié, d'ailleurs. Non seulement le général de Miribel vaut par sa haute et claire intelligence, par sa volonté ferme, sa droiture et son esprit de devoir, mais encore par ce caractère avenant et plein d'aménité, qui exerce sur les hommes une si grande influence, et dont Bronsart de Schellendorf affirme qu'elle est une qualité essentielle du chef d'état-major.

Qu'à ces dons on ajoute : la science approfondie de toutes les questions militaires, l'entente complète d'une mobilisation

L'emploi des chemins de fer et des canaux, de la télégraphie militaire, de l'aérostation, etc.

L'organisation et la direction des services de l'arrière.

L'organisation et l'instruction générale de l'armée, la préparation des grandes manœuvres.

L'étude des armées étrangères et des différents théâtres d'application.

La réunion des documents statistiques et historiques.

Les missions militaires à l'étranger.

La préparation et la coordination des travaux du Conseil supérieur de la guerre et des membres de ce Conseil chargés de missions spéciales.

Le service géographique fait partie de l'état-major de l'armée.

Le chef d'état-major général est chargé, sous l'autorité du Ministre, de la direction du service d'état-major, ainsi que du choix et de l'instruction des officiers de ce service.

Il doit les préparer, par des travaux en temps de paix et par des voyages d'état-major, au rôle qu'ils auront à remplir en temps de guerre.

dont il a été l'un des créateurs, l'expérience de la conduite des troupes, la connaissance de la topographie de la frontière, une santé robuste, une puissance de travail et une facilité d'assimilation exceptionnelles, et l'on conviendra que le général de Miribel était bien à sa place.

Le maréchal Canrobert a tenu à dire l'exacte vérité sur Miribel qu'il avait eu sous ses ordres, aussitôt sa mort connue.

GÉNÉRAL DE MIRIBEL

« Miribel, a dit le vieux soldat à un rédacteur du *Gaulois*, oui, j'ai appris dans la journée le dénouement fatal. C'est un malheur, Monsieur, un très grand malheur pour la France. »

Et, après quelques secondes de méditation, le maréchal Canrobert dit, d'une voix que l'émotion fait trembler :

« La perte est immense, c'est indéniable. Quant à moi, les expressions me manquent pour vous dire la douleur patriotique que j'ai ressentie en apprenant cette nouvelle terrible. Vous venez me demander de vous parler de Miribel? J'aurais, en vérité, trop à dire.... C'était une tête que Miribel! Il possédait son plan de mobilisation à merveille, ce plan précieux dont l'exécution qui doit être rapide, presque instantanée, eût été assurée avec lui. Et c'était aussi une épée, car il avait de la bravoure. Et combien honnête! Quel bon Français! quel patriote! L'homme qui ne pensa qu'à la chose publique, *res publica*, et la *res publica*, ici, c'est le pays, c'est la France.

» Laisse-t-il des élèves? Je l'espère, je le crois.... Les talents ne manquent pas. Je les ai vus tous grandir, devant moi, ces soldats qui sont maintenant généraux, commandants de corps d'armée. Miribel a été sous mes ordres, et tant d'autres. Je puis parler d'eux, moi qui les ai vus à l'œuvre, et qui ai pu constater avec orgueil qu'ils étaient les dignes continuateurs de leurs aînés.

» Pensez donc! il y a soixante-cinq ans que j'appartiens à l'armée. Il y avait déjà cinq ans que je portais la cocarde blanche, lorsqu'est né M. de Freycinet, le Ministre de la guerre qui a créé le poste de chef d'état-major général, et qui l'a confié au général de Miribel. Création utile que ce poste qui place le titulaire au-dessus des querelles des partis, en dehors des changements de ministère, dans une situation exceptionnelle, qui lui permet de travailler et de penser uniquement à l'avenir du pays. Miribel l'occupait de la façon la plus digne. Il meurt à la tâche. Un autre, héritier de ses secrets, confident de ses pensées, prendra sa place....

» Avec le perfectionnement apporté dans les armes de guerre, la façon de procéder a changé. La mobilisation est devenue plus que jamais d'une importance capitale. Miribel en savait là-dessus plus que quiconque. Je vous le répète, la perte que nous avons faite en lui est immense.

» Mais il ne s'ensuit pas que, si l'homme est mort, l'idée soit morte avec lui. »

A ces témoignages, ajoutons encore l'éloge que faisait à la tribune le Ministre de la guerre, Campenon, au moment où, interpellé par Clovis Hugues, il était attaqué par ce député par rapport à la nomination de Miribel.

« Quand j'ai pris le ministère de la guerre, j'ai trouvé le service d'état-major fonctionnant dans des conditions peu satisfaisantes. Ma grande préoccupation a donc été de mettre à la tête de ce service d'état-major un chef actif, expérimenté, intelligent, ayant une grande puissance de travail, et pouvant donner à ce service à la fois l'impulsion et la direction.

» J'ai cherché parmi les officiers généraux, qui déjà avaient rempli les fonctions de chef d'état-major ; j'en ai trouvé un qui m'a semblé réunir les conditions que je viens d'énumérer. Je n'ai pas hésité ; je lui ai donné l'ordre de se rendre au ministère de la guerre, et d'y occuper le poste de chef d'état-major. Il a obéi militairement, correctement. Il ne m'est pas permis, je ne me reconnais pas le droit de suspecter la loyauté et la droiture d'un officier général appelé à une fonction dans les conditions que je viens de dire. »

Et le général Campenon ajoutait :

« Quant aux considérations d'ordre purement politique, qui ont probablement déterminé M. Clovis Hugues à m'adresser sa question, j'en reconnais parfaitement le but. »

Le général de Miribel demeura donc à la tête de l'état-major en dépit des criailleries de la presse radicale. A la fin de janvier 1882, deux mois après son avènement, M. Clémenceau démolissait le ministère Gambetta, le traitant presque de ministère clérical. Mais l'ancien chef d'état-major était incapable de se reposer, et il sut profiter de ces loisirs forcés pour approfondir encore la science militaire sous toutes ses faces. Il fut admis au comité d'artillerie.

Un ancien commandant de corps d'armée a dit de ce général :

« J'ai beaucoup connu Miribel. Pendant le siège de Paris,

nous avons combattu côte à côte. Plus tard, j'ai commandé sous ses ordres.

» C'était un officier complet : Gambetta l'avait bien deviné, quand il l'imposait, en quelque sorte, à l'admiration de ses adversaires.

» Sur le champ de bataille, où je l'ai vu, il en imposait à tous par sa froide bravoure. Comme organisateur, il nous a donné sept ou huit plans de campagne, et il a établi cinq plans de défense de nos frontières qui seront définitifs et auxquels rien ne peut être changé. L'armée tout entière avait une confiance inaltérable en cet officier supérieur, qui, en temps de guerre, eût complètement, admirablement secondé le généralissime, le général Saussier.

» Miribel a toujours été porté vers la stratégie. Il y a vingt-trois ans, quand il n'était encore que lieutenant-colonel, je me rappelle l'avoir rencontré un matin, Cours-la-Reine, il tenait à la main le plan d'une des batailles livrées par Villars. C'était un esprit lumineux, qui voyait immédiatement le chemin à suivre.

» Une autre de ses grandes qualités a été de faire de nombreux élèves. Miribel pourrait, au point de vue militaire, être comparé à un célèbre professeur de médecine, que la science vient de perdre. Tous deux se dépensaient sans compter pour instruire ceux qui devaient leur succéder.

» La tâche de Miribel, à ce point de vue, a été complète. Naguère encore, vingt-sept officiers l'accompagnaient dans son dernier voyage sur la frontière des Alpes. Grâce à ses efforts, tous étaient capables de profiter de ses leçons. Le plus distingué de ses élèves, le plus capable de lui succéder, est le général de Boisdeffre.

» D'ailleurs, le programme de Miribel est achevé, et il n'y a plus qu'à suivre et à maintenir sa tradition. Mais il faut réagir et se persuader qu'il n'est pas d'homme indispensable, surtout maintenant que, grâce à ses efforts, à sa puissance de travail extraordinaire, notre organisation militaire est accomplie.

» Je terminerai en vous citant une anecdote caractéristique. Lorsqu'il arriva pour la première fois à Nancy, pour prendre le commandement du 6e corps, Miribel reçut les autorités, notamment le préfet, M. Schnerb.

» — Je suis de la frontière, lui dit le préfet, et je suis heureux de vous saluer à ce titre.

» — J'espère, répondit le général, que ce département, aujourd'hui frontière, ne restera pas longtemps dans cette condition, car où a passé le père passera bien l'enfant.

» Le lendemain, le Ministre demandait des explications sur ce propos au général de Miribel. Celui-ci envoyait alors à Paris le général de Vaulgrenant.... Je peux vous affirmer l'exactitude des paroles prononcées. J'étais à côté du général de Miribel à cette réception et j'entends encore vibrer sa voix. »

Quelques mots sur les innovations introduites dans l'armée par le général de Miribel.

Miribel, le premier, a organisé les voyages d'armée. Quand il devint le chef d'état-major du Ministre de la guerre Borel, après avoir refusé comme étant incomplètement préparé à ce poste la même offre que lui avait faite le général Berthaut et Mac-Mahon, il établit cinq plans de défense de notre frontière de l'Est, auxquels ses successeurs à l'état-major général n'ont rien pu changer. Depuis, il a complété ce superbe travail, qui est maintenant définitif.

Après la frontière de l'Est, Miribel a étudié les défenses du Jura. Cette année (1893), il s'était occupé de la frontière des Alpes. Il est mort après avoir achevé le programme qu'il s'était tracé.

A son dernier voyage sur les Alpes, les officiers qui l'accompagnaient ont pu admirer l'étonnante science de celui que j'appellerai non un chef, mais un maître. Il avait tout étudié dans les plus petits détails. Nul mieux que lui ne pouvait instruire les officiers d'état-major, qui ont pour mission de préparer la défense du territoire.

Dans son dernier voyage, on partait à sept heures du matin, et, jusqu'à six heures du soir, sans prendre le moindre repos pendant vingt-cinq jours, il était le premier et le dernier à cheval ou à dos de mulet. Quand le cheval et le mulet ne pouvaient passer, il marchait à pied à la tête de sa colonne.

Miribel restera le stratège impeccable où devront puiser tous nos officiers d'état-major.

Ce qui frappait dans cet homme, c'était l'autorité plus grande encore que ses fonctions dont il jouissait. Sans fracas, sans mise en scène, sans amorce à la popularité, soldat et rien que soldat, il s'était acquis cette force d'opinion, cette force souveraine qui s'appelle la confiance. De Miribel la possédait à un haut degré; la France et l'armée avaient foi en lui, et il y ajoutait cette particularité, qu'il était parvenu à cette situation extraordinaire sans avoir encore eu l'occasion de faire ses preuves de stratégiste à la tête des armées en campagne, mais par le seul effet d'un mérite qui avait fini par imposer à tous sa domination.

Le maréchal Canrobert disait, il y a quelques années, à la mort de l'auteur de nos défaites en 1870 :

« *L'Allemagne avait Moltke, la France a Miribel.* »

Et le maréchal devait s'y connaître.

Chef d'état-major général d'une armée d'un million d'hommes, portant le poids et tenant le ressort d'une organisation militaire dont l'immensité épouvante l'esprit; chargé de présider à tous les services de cette tâche délicate et gigantesque qui compose la préparation de la guerre, M. de Miribel avait une mission sans précédente dans notre histoire. Elle est, certes, beaucoup plus compliquée que celle du maréchal Berthier, dont l'art, excellent en son genre, fut d'être le porte-parole sûr, presque infaillible de Napoléon Ier.

Dans ce général, les vertus de l'homme rehaussaient encore les qualités du capitaine. Il était devenu une noble image de cette armée qui, par son recueillement et son application, est elle-même la plus noble image de la patrie.

D'une voix entrecoupée de sanglots, le général Saussier a dit au cimetière de Grenoble :

« Ce n'est pas seulement l'homme probe, le camarade dévoué que nous pleurons. Nous avons encore à déplorer la perte de l'héroïque soldat, du chef vaillant et habile.

» De Miribel, en effet, était tout cela : il mêlait le calcul à la flamme, la précision à l'enthousiasme : c'était un savant qui avait le feu sacré !

» Non content de rédiger des instructions méthodiques, il avait le don des paroles vibrantes et fières. Chrétien et gentilhomme, il a forcé, sous notre régime de démocratie intolérante et jalouse, tous les partis à se confondre devant son cercueil dans l'hommage et le deuil.

» Après avoir beaucoup travaillé pour la France, il est revenu, comme le bon serviteur qui a terminé sa journée, mourir au pays, sans peur et sans reproche, comme son compatriote Bayard.

» Oui, il est tombé après une vie de rudes travaux, et l'on peut dire en toute vérité qu'il est tombé de son cheval de bataille (1), non sur un sol vulgaire, mais sur le champ intellectuel de l'étude et de la pensée :

» — J'aime mon métier de soldat, disait un jour le général, et rien ne saurait m'arracher à l'armée française. »

On sait que M. de Miribel n'était pas un de ces hommes qu'enivre follement la poudre des combats, mais plutôt un esprit sérieux, ne voyant dans l'esprit militaire qu'un moyen de servir sa patrie et Dieu.

« Issu de noble race, a dit Mgr Fava, chrétien par l'éducation, il usait de sa science pour grandir sa foi ; aussi le métier des armes était, à ses yeux, une vocation d'en haut, où Dieu voulait qu'il se donnât à son pays, corps et âme.

(1) Le général était à cheval lorsqu'il fut frappé d'apoplexie : la mort vint aussitôt.

Soldat, guerrier, organisateur de la victoire, Miribel l'était à un degré élevé ; mais ces hauts et graves devoirs ne l'empêchaient pas d'être bon époux et excellent père. Sa consolation, il la trouvait dans son épouse et ses enfants, et la poésie suivante retrace bien les vertus du défunt, de sa femme et de ses enfants. Elle fut dite le jour de sa fête, le 19 mars qui précéda sa mort, par le plus jeune de ses fils, à peine âgé de sept ans :

« Puisque Dieu par vous m'a donné la vie,
Père bien-aimé, ce jour me convie
A compter aussi vos autres bienfaits;
Pour moi, n'est-ce pas, c'est un gros problème,
Et quoique mon cœur sente qu'il vous aime,
Mes calculs jamais ne seront bien faits.

J'essaierai pourtant : la fête d'un père
Mérite un effort, c'est pourquoi j'espère
Comme un vrai savant qui veut réussir.
Vous m'avez donné ce beau nom sans tache,
Auquel tant d'honneur désormais s'attache,
Et que nul brouillard ne peut obscurcir.

A vous, après Dieu, je dois cette mère,
Par qui, du foyer, fuit la peine amère,
Et dont le grand cœur ne bat que pour nous.
Tous deux, vous m'avez donné pour modèles
Des frères, des sœurs, sages et fidèles,
Qui, du Benjamin, ne sont pas jaloux.

Vous m'avez donné, père, cette flamme
Qui brille en vos yeux, reflet de votre âme,
Ardeur du guerrier, fierté du chrétien;
Vous m'avez appris, dès mon plus bas âge
Qu'il faut, de ses biens, faire un noble usage;
Que sans le travail on n'arrive à rien.

Vous m'avez donné le touchant exemple
Du respect qu'on doit à Dieu dans son temple,
Et, par vous, je sais qu'il est notre appui;
Aussi, je lui dis cette humble prière :
Faites que je sois bon comme mon père,
Si je ne puis être aussi grand que lui! »

Chrétien! le brave soldat le fut par-dessus tout. C'est ce que proclamait sur sa tombe l'évêque de Valence.

Chrétien! lorsqu'il fut appelé au commandement de la division de Lyon, certains journaux protestèrent, le traitant de clérical.

— Tant mieux! dit-il, on saura qui je suis. Je ne me suis jamais gêné; je ne me gênerai pas davantage.

Il est beau d'être vaillant sur le champ de bataille ; mais c'est une lâcheté de ne pas oser affirmer ses convictions.

Le général, à Pâques, communiait en grand uniforme.

« Je vous livre simplement ces pensées, ajoutait le prélat, je vous propose cet exemple. Souvenez-vous de l'homme de cœur, de sa vaillance, de son ardeur au travail, qui nous valut les plans de mobilisation et la réorganisation de nos troupes; souvenez-vous de sa foi! Soutenu dans son œuvre par son amour de la patrie, il l'a été également par ses sentiments chrétiens.

» Sans doute le général eut préféré la mort sur le champ de bataille; mais il a été enlevé au moment où il préparait la victoire, où il travaillait à la prospérité et au salut du pays.

» Le caractère, le général de Miribel l'avait au suprême degré ; quand on lui disait :

» — Mais c'est votre titre de catholique et surtout la façon publique dont vous en remplissez les devoirs qui vous barrent le chemin.

» — Que m'importe! répondait-il. J'ai deux devoirs à remplir, qui, bien loin de s'exclure, s'entr'aident et se fortifient : le devoir du chétien et le devoir du soldat. *Je suis toujours prêt*, quand il le faudra, *à donner mon sang et à sacrifier ma vie; mais mon âme jamais.*

» Un jour qu'il discutait dans son cabinet avec un haut personnage du monde officiel, il lui lança tout à coup, avec l'accent indigne de l'honnête homme poussé à bout, cette vigoureuse tirade :

» — Mais ne comprenez-vous pas, Monsieur, que ces tentatives d'imposer l'athéisme à toute l'armée constituent un double crime : 1° un crime contre les soldats auxquels vous demandez leur sang — cela est légitime, — mais auxquels vous voulez ensuite arracher leur âme, — ceci est monstrueux ; — 2° un crime contre la patrie à laquelle vous enlevez, par cette castration morale de ses fils, la plus noble part de ses éléments de vie, de force et de défense.

» Oui, de Miribel était catholique, et nous le réclamons avec une sainte fierté pour l'un de nos frères; cette grande figure nous appartient, et cet homme qui se jouait aussi bien au milieu des problèmes de la science qu'en pleine mitraille, nous le réclamons : il est catholique et Grenoblois, objet de l'admiration de tous, amis et ennemis ; si bien peut-être que là-bas, sous leurs tentes, les bataillons prêts à marcher contre nous disent de lui aussi :

» — Cet homme, à lui seul, valait une armée.

» Les officiers auront appris de lui que le mérite ne va pas sans douleur. Sans parler des fatigues qui l'ont tué, le général a eu des ennemis qui ont attristé sa carrière. Mais la douleur est une pierre de touche pour le chrétien, et, pour le soldat, la souffrance est un affermissement.

» La consolation de Miribel, c'était son épouse, ses enfants qu'il chérissait.

» Général, qui fûtes pour nous un ami, la France a perdu en vous un de ses plus nobles enfants, au moment où l'ennemi a déjà le pied levé pour monter à l'assaut de nos frontières, de ces frontières qui vous ont coûté tant de soucis, et sans doute, la vie.

» Dieu a brisé ces liens si doux et si forts ; il est le Maître! Ne lui demandons pas compte de ses actes ; ce qui nous advient de la main d'un Dieu bon ne saurait être mauvais.

» Général, comme un nouveau Bayard, vous avez été le

chevalier sans peur et sans reproche; Dieu aura voulu avoir dans son ciel un héros chrétien comme vous.

» Priez-le et demandez-lui qu'il fasse héritiers de votre génie militaire vos compagnons si dignes de vous; qu'il fasse passer quelque chose de son esprit de sagesse et de force dans tous les rangs de notre armée; qu'il apprenne à la France qu'elle sera toujours noble, grande, victorieuse, si elle sait demeurer chrétienne, fidèle à sa vocation qui est d'être la fille aînée de l'Église, et de défendre la papauté. »

Un trait montrera quelle dignité, quel désintéressement, quelle délicatesse animaient ce grand cœur de soldat.

C'était à l'heure du krach de l'*Union générale*. La faillite de cet établissement de crédit jetait bien des familles dans la misère.

Le général de Miribel avait gagné des sommes importantes en plaçant simplement son argent dans la maison que dirigeait M. Bontoux.

Le spectacle de tant de ruines ne peut laisser son cœur indifférent. Les bénéfices réalisés par lui sont légitimes. Ils lui appartiennent, comme on dit, en tout bien, tout honneur.

Mais Miribel n'écoute que les sentiments de générosité, naturels à son âme.

Il va trouver le directeur, M. Feder, et lui remet tout ce qu'il a gagné, ne voulant point d'un bénéfice, même légitimement acquis, en présence des douleurs que la débâcle de l'*Union* vient de produire.

MOUCHEZ

AMIRAL, ASTRONOME, DE L'INSTITUT, DIRECTEUR DE L'OBSERVATOIRE DE PARIS

(1821 — 1892)

« Il regardait le ciel comme un domaine dont il aurait eu la garde et dont il aurait été chargé de proclamer l'ordre et la beauté. ».

Le mois de juin 1892 voyait s'éteindre l'une des gloires de la science française, le contre-amiral Mouchez, membre du Bureau des Longitudes, de l'Institut, directeur de l'Observatoire de Paris, commandeur de la Légion d'honneur.

Une longue carrière entièrement consacrée au service de la science et de la patrie, des efforts prodigués sans compter des dangers noblement affrontés, un attachement inébranlable à tout ce qui constitue l'honneur du savant et du chrétien, tels sont les traits essentiels du contre-amiral Mouchez.

Certes, ils sont nombreux les marins qui furent des savants, mais peu d'entre eux ont déployé dans leurs travaux un zèle plus soutenu, une persévérance plus courageuse. Né en 1821, entré à l'école navale en 1837, le jeune Mouchez en sortait aspirant en 1839. On le voit successivement conquérir les grades d'officier supérieur de la marine : ceux de lieutenant de vaisseau, capitaine de frégate, puis de capitaine de vaisseau en 1868.

Déjà ses importants travaux hydrographiques exécutés sur les côtes de l'Amérique du Sud avaient commencé d'attirer sur lui l'attention des ministres de l'Empire ; en 1870, se trouvant en France, il fut chargé de mettre le Havre en état de défense et y réussit complètement, eu égard aux ressources stratégiques mises à sa disposition. Après la guerre franco-allemande, le ministère de la marine l'envoie relever les côtes de l'Algérie. Ses soins portent particulièrement sur le golfe des deux Syrtes, et il constate sur la côte de Tunisie, près de la baie de Bizerte, l'existence d'un lac magnifique, situé à peine à deux kilomètres de la mer, d'une profondeur de quinze à vingt mètres, et susceptible de devenir, avec des dépenses relativement peu considérables, l'un des ports les plus vastes et les plus sûrs.

Sur les conseils de l'Amiral, des travaux ont été faits, des fortifications élevées, et le port de Bizerte mis en état de défense pour protéger notre colonie africaine. Avec son immense lac intérieur de dix-huit kilomètres carrés, Bizerte est le seul port digne de ce nom que nous possédions en ces parages. Le lac est relié à la mer par un canal de vingt-cinq mètres de large; quelques batteries en protègent l'entrée. En cas de guerre, il pourrait servir de refuge non seulement à notre flotte de guerre, mais encore à nos navires de commerce (1).

Ces travaux, par leur importance défensive, attirèrent l'attention des puissances étrangères. Plusieurs s'en émurent, et en 1892 et 1893, l'Italie prouvait, par voie diplomatique, son inquiétude de voir s'élever ces moyens de défense si près de ses possessions.

Les services signalés de Mouchez, alors capitaine de vaisseau, le mirent en évidence aux yeux du monde savant, et quand, en 1874, sur la demande de l'Académie des Sciences, le gouvernement français décida d'envoyer observer le passage de Vénus sur quatre points différents, M. Mouchez fut mis à la tête de l'expédition, destinée à l'île Saint-Paul, dans la mer des Indes.

Or les conditions climatériques de cette île sont telles qu'il

(1) Bizerte est une position militaire plus importante que celle de la Spezzia. La profonde baie au fond de laquelle sont installés les établissements maritimes de l'Italie est ouverte, et les formidables batteries qui la protègent seraient peut-être impuissantes à arrêter un assaillant audacieux. L'Italie nous envie Bizerte. C'est pour cela qu'en 1893 elle a réuni en Sicile, à dix heures de notre possession, un corps de 40,000 hommes, organisés et prêts à entrer en campagne. Il était temps de mettre cette position militaire de premier ordre à l'abri d'un coup de main.

y avait peu à compter sur la réussite de l'entreprise. Ce fut au milieu d'une violente tempête que Mouchez parvint, au milieu des plus grands périls, à toucher le volcan à peine éteint où il fallait s'installer et couvert de brouillards. Ses instruments furent bouleversés et prêts d'être brisés, les abris élevés furent emportés en partie et le succès de la mission grandement compromis.

La veille même du passage de Vénus, le 8 décembre 1874, une pluie torrentielle tomba sur la montagne où les savants étaient installés, mais la violence de la tempête devait se briser contre l'énergie de l'officier de marine qui jamais ne désespéra. Par un heureux hasard, soudain le vent changea de direction, la nuit suivante la pluie cessa, le voile sombre qui couvrait le ciel se déchira, et le 9, l'observation réussit pleinement. M. Mouchez put reconnaître l'atmosphère de Vénus, très distincte du soleil au moment des contacts, et prendre, du phénomène céleste, plusieurs photographies fort réussies.

Cette entreprise si mouvementée, menée à bonne fin, valut à son auteur les félicitations du monde savant, et de retour en France le capitaine de vaisseau était promu au grade de commandeur de la Légion d'honneur. Il entrait à l'Académie des Sciences pour s'asseoir au fauteuil vacant par la mort de M. Mathieu (1).

L'année suivante, la mort du savant astronome Leverrier (2), dont J.-B. Dumas fit sur sa tombe l'éloge mérité, laissait vacante la direction de l'Observatoire de Paris. Personne ne fut jugé plus digne d'occuper cette haute situation : le renom de science de l'éminent officier de marine et ses grands talents autorisaient ce jugement. M. Mouchez fut nommé Directeur, et l'on peut dire qu'il était digne de succéder à l'illustre Leverrier.

Sous sa direction, l'astronomie d'observation a pris le plus

(1) Ingénieur et mathématicien distingué.

(2) Voir sa biog. au t. II de nos *Chrétiens et Hommes célèbres au XIXe siècle.*

large essor. Durable et féconde fut son administration, qui a duré quatorze années et que la mort seule devait interrompre.

L'Amiral a agrandi les terrains occupés par l'Observatoire, ce qui a permis d'y installer deux instruments puissants d'un type nouveau. La construction de ces appareils avait soulevé un certain nombre d'objections. C'est à sa confiance généreuse autant qu'à sa grande perspicacité qu'on a dû de les voir s'évanouir, et se réaliser des espérances qui, à première vue, pouvaient sembler un peu téméraires.

En fondant une école d'astronomie qui a prospéré pendant une dizaine d'années, l'amiral Mouchez a comblé dans notre organisation astronomique une lacune depuis longtemps préjudiciable au développement de la science.

Sous son inspiration fut également institué l'Observatoire de Montsouris, placé sous l'égide du Bureau des Longitudes. C'est dans cette école spéciale que nos officiers de terre et de mer et nos explorateurs viennent chercher un complément d'instruction bien propre à rendre plus fructueuses les missions qui leur sont confiées. Dès l'origine, Mouchez eut sous sa direction les officiers de marine et les explorateurs. Il leur faisait personnellement des conférences en les initiant à la pratique de ces instruments qu'il maniait de main de maître, et dont il avait fait un si parfait usage.

L'Amiral a également doté l'Observatoire d'un intéressant musée, où se trouve, à côté d'une très curieuse collection d'instruments anciens, véritables objets d'arts, une série de documents scientifiques des plus précieux.

Grâce à l'énergique impulsion qu'il avait reçue de son Directeur, l'Observatoire de Paris a publié dix-sept volumes d'annales, renfermant les recherches les plus intéressantes et les plus variées, et l'un des plus beaux titres de l'amiral Mouchez aux yeux des astronomes est assurément la publication du grand catalogue de l'Observatoire.

Mouchez a rendu ainsi accessible aux recherches scientifiques les nombreuses séries d'observations accumulées pendant plus d'un demi-siècle par les astronomes de Paris.

Ajoutons qu'il faut mettre à l'actif du savant marin l'invention d'un astrolabe perfectionné qui permet de déterminer facilement la latitude.

En 1878, le grade de contre-amiral venait consacrer et couronner sa carrière.

Au mois de décembre 1886, l'Amiral, président du comité formé pour élever à Paris un monument à Arago, fit appel à tous les amis de la science. Élevé en dehors de toute pensée politique ou religieuse, au savant et pour la science, ce monument fut approuvé de tous. Mouchez avait écrit un discours qu'il devait prononcer à l'inauguration et que la mort a empêché d'entendre.

Après avoir résumé les principaux travaux d'Arago, l'orateur y rappelait la mission du savant que lui-même devait si bien remplir : *découvrir, connaître* et *enseigner*. Ce n'est pas que, pour s'acquitter de ces devoirs d'astronome, il ne lui en ait pas coûté d'abandonner la navigation et de se séparer de ses chers marins, comme il l'avoua un jour.

« Quand, après cinquante ans de vie commune, l'âge ou la position vient nous en séparer, ce n'est pas sans un serrement de cœur que nous quittions ces braves gens dont la France entière a pu apprécier toutes les généreuses qualités pendant les désastres de l'année terrible.

Dans les dernières années de sa vie, malgré son grand âge, le Directeur de l'Observatoire était un travailleur infatigable qui sortait rarement dans le monde : ses études scientifiques l'occupaient seules. Aussi bien, le voyait-on fort assidu aux séances de l'Académie des Sciences, où il était très écouté par ses collègues.

Malgré ses connaissances, et précisément sans doute par suite de ces mêmes connaissances, l'Amiral n'accordait qu'une confiance très limitée aux prédictions concernant « le temps qu'il fera demain. »

Pendant l'été de 1891, alors qu'une pluie incessante inondait la terre que le mois d'août n'avait pu dessécher, un journaliste eut la curiosité d'aller demander au Directeur de l'Observatoire son opinion sur ce phénomène. Celui-ci répondit :

— Ici, nous ne nous occupons que d'astronomie ; la météorologie ne me regarde pas. Pourquoi avons-nous un été si pluvieux? Je n'en sais rien. Si vous me demandiez quel temps il fera demain, je vous répondrais : Repassez demain soir, je vous le dirai.

Impossible de répondre avec plus de franchise et d'être plus ironique à l'égard des Mathieu Lænsberg modernes.

Le couronnement de sa carrière de savant fut son beau projet de photographier les millions d'étoiles qui brillent au firmament. Pour la première fois dans l'histoire du monde, un simple savant a réussi, sans intervention diplomatique, à enrôler jusqu'à dix-huit Observatoires de toutes nationalités. Il fallait toute l'autorité que lui donnaient sa science et son expérience pour réussir dans une telle entreprise. Ainsi, c'est à l'astronomie qu'on doit le premier pas vers l'union de tous les peuples civilisés, et dans l'avenir les historiens diront que ce projet est dû à Mouchez, amiral français.

La nouvelle de la mort subite de l'Amiral arriva comme un coup de foudre à l'Observatoire, en juin 1892, où, parmi les savants et le personnel, elle produisit une véritable stupeur en même temps qu'une vive impression de douleur, car le Directeur de cet établissement était aimé autant qu'estimé de ses collaborateurs et de ses subalternes, si modestes que fussent ceux-ci.

Quelques jours auparavant, il s'était encore rendu à l'Observatoire. Le lundi précédent, il se trouvait à l'Académie des Sciences, et rien dans son état ne faisait supposer une fin si brusque, car il continuait à s'occuper de ses travaux comme par le passé.

Ce sont de tels hommes qui font progresser la science.

La mort le surprit à Wissous, près d'Antony (Seine-et-Oise), à sa maison de campagne. La plupart de ses sujets d'études ont été publiés par le Bureau du Dépôt des cartes et plans de la marine.

Comme Newton, Laplace et Leverrier dont il fut le successeur, l'amiral Mouchez appartenait à cette grande famille d'illustres astronomes qui, depuis plus d'un siècle, se sont appliqués à découvrir les lois du système du monde et à nous en faire comprendre les beautés. Tous, ils ont porté au plus haut degré la dignité et l'honneur scientifiques de la France.

Comme Leverrier, quand, pendant les claires nuits, il plongeait son télescope gigantesque dans les profondeurs des cieux, l'astronome Mouchez voyait Dieu de trop près pour le nier, et quand ses calculs prodigieux l'amenaient à découvrir de nouvelles lois sur le cours des astres, il se souvenait aussitôt de cette parole des saintes Écritures, que *Dieu a tout fait avec nombre, poids et mesure.*

Chez lui la science et la foi s'éclairaient et se prêtaient un mutuel appui.

NEWMAN

LITTÉRATEUR, FONDATEUR DE L'UNIVERSITÉ DE DUBLIN, CARDINAL

(1801 — 1890)

« Depuis la Réforme, sa conversion est le plus grand événement qui se soit produit en Angleterre. » (Lord GLADSTONE.)

Le nom de l'illustre cardinal Newman est destiné, comme beaucoup d'autres noms, à opposer une durable et permanente réfutation à cet axiome favori de la libre-pensée :

« Le catholicisme est incompatible avec la science. »

N'est-ce point la science, en effet, mais la science unie à la bonne foi et à la prière, qui a été l'instrument providentiel de la conversion de ce grand homme, né dans l'hérésie et ramené par un opiniâtre amour de la vérité au bercail de l'Église catholique : conversion qui a fait écrire par lord Gladstone à Mme Craven cette parole significative :

« Depuis la Réforme, c'est le plus grand événement qui se soit produit en Angleterre. »

Puisque telle est la signification de ce retour à la vérité religieuse, il importe de l'étudier dans la vie du docteur Newman. Ce n'est point subitement, et dans un moment d'enthousiasme irréfléchi, que s'est produit ce changement. Le docteur s'est élevé à la vérité par progrès : d'abord protestant presbytérien, il s'est fait anglican et l'un des plus brillants champions d'Oxford ; puis, entré dans cette secte anglicane du docteur Pusey qui confine au catholicisme, il a fait de là le grand pas que n'osa jamais faire Pusey. Il devint catholique romain, franchissant le dernier degré et se sentant né pour le ciel où la vérité est en plénitude.

Mais voyons ce que fut d'abord cet homme éminent.

Fils d'un banquier de Londres, où il naquit en 1801, *John-Henri Newman* fit ses études à l'école d'Ealing et à Oxford, où il prit le grade de bachelier ès arts. La lecture, à cette époque, des livres de Hume et de Voltaire, loin de lui nuire par leurs attaques et leurs railleries contre la religion catholique, produisirent un effet opposé à celui qu'on en pouvait, qu'on en devait attendre. Au lieu d'être ébranlé, sa foi en fut affermie, car il avait appris à connaître le mobile qui poussait ces auteurs à l'impiété.

Nommé principal du collège de Saint-Albans-Hall et professeur, il devint un des élèves favoris du docteur Pusey. Déjà, en 1827, on le voit prêcher avec beaucoup d'éclat un premier sermon devant l'Université d'Oxford réunie, et, l'année suivante, il est nommé à la cure de Sainte-Marie d'Oxford.

L'étude, une étude acharnée des auteurs des premiers siècles du Christianisme et des saints Pères, devint le caractère de sa vie religieuse. En 1842, pour satisfaire ses goûts de piété et de travail, il quittait Oxford et fondait à Littlemore une secte ascétique, dont il eût fallu remonter au Moyen Age pour retrouver le modèle.

Entrons avec lui dans cet asile, et pénétrons plus intimement dans sa vie de chaque jour.

Littlemore est devenu un vrai monastère. Le dimanche, les anciens *clergymen* et les jeunes étudiants vont, sous la conduite du docteur Newman, au service anglican; pendant la semaine, ils récitent le bréviaire en commun, ayant soin d'omettre les antiennes de la Sainte Vierge. Tout le jour on garde le silence, et à table on fait la lecture. De temps à autre, le Supérieur et ses disciples s'aperçoivent qu'un des moines a disparu; on sait où il est allé, on sent bien qu'on ne sera pas longtemps à le rejoindre, et on attend l'heure de Dieu.

Newman travaille à son *Essai sur le développement du dogme*, et la légende d'Oxford le montre ne quittant son bureau que pour la chapelle; occupé des mois entiers à ce livre et devenant de plus en plus maigre, tant qu'enfin, lorsqu'il laissa tomber la plume, il était presque transparent.

Ce qu'il a souffert dans ces deux années est inexprimable; on le devine au ton de ses lettres et à quelques insinuations discrètes de l'*Apologia*. Devant ce spectacle, on comprend et on bénit les lenteurs de la Providence dans l'histoire de cette conversion : *cum magna reverentia disponis nos.*

On comprend qu'il a fallu beaucoup de temps pour déraciner, le moins douloureusement possible, cette âme qui tenait à son passé par de si puissantes et de si chères étreintes.

Il avait entrevu la vraie lumière, mais non encore éblouissante pour l'obliger à y croire, et des doutes affreux revenaient souvent.

— Voilà que j'ai déjà changé tant de fois, disait-il; libéral, puis tractarien (1), demain catholique. Qui sait si je ne changerai pas encore?

Un de ses amis était mourant.

« C'était un anglican de bonne foi qui ne comprenait pas qu'on pût douter, et, me regardant anxieusement, me demandait ce qui m'était arrivé. Il mourut; j'avais espéré que sa dernière maladie m'apporterait un peu de lumière. Aucune! J'ai sangloté amèrement sur son cercueil à la pensée qu'il me laissait dans la nuit, dans l'ignorance de ce que Dieu voulait de moi (2). »

Sans cesse, Newman pensait à la peine que ses perplexités faisaient maintenant à ses amis, à la désolation où les mettrait demain son départ.

« Je n'ai pas pu aller vous voir, écrit-il à l'un de ceux-ci, je ne suis pas digne d'être aimé; avec mes idées, je me sens comme un coupable quand je suis près des autres. »

L'avenir l'épouvantait. Aucune vision d'espérance! Dans le passé, tout le retenait; dans le présent, aucun enthousiasme, aucune joie du sacrifice.

— Il n'y a qu'une question. Puis-je être sauvé dans l'Église d'Angleterre? Y serais-je en sûreté si je devais mourir cette nuit? Est-ce un péché mortel pour moi de ne pas passer à Rome?... Ce qui me retient encore, c'est la peur d'être le jouet d'une illusion, de quelque faute oubliée.

Newman, en ces jours de doute et de recherches, avait écrit la poésie suivante qui reflète bien l'état de son âme :

« O Rome, disait-il, ô Église romaine, toi que j'ai appelée la prostituée de Babylone, il faudra donc qu'un jour je me jette dans tes bras et te proclame ma Mère!

» O Pontife romain, toi que j'ai appelé l'Antechrist, il faudra donc qu'un jour je me jette à tes pieds! Il faudra, ô Église

(1) Ce nom venait de ceux qui avaient pris l'initiative de la publication de petits traités, appelés *Tracts*, où ils exprimaient leurs opinions et cherchaient à attirer à eux les anglicans.

(2) *Apologia.*

d'Angleterre, toi qui m'as élevé sur ton sein, il faudra que je t'abandonne! Oui, il le faut, car seule l'Église romaine peut donner à mon intelligence la vérité et à mon âme le salut! »

Sa plus grande souffrance venait de sa famille. Il avait une vieille tante dont il était le favori, et qui, comme jadis la grand'mère païenne de saint Grégoire, regardait venir sa conversion avec désespoir.

Sa sœur argumentait contre lui, et il répondait des lettres désolées comme celle-ci :

« A mon âge on aime ses aises. Je sacrifie une position presque sans charges et qui suffit amplement à mes besoins; on m'estime, je sacrifie cette estime; un grand nombre ne m'aime pas, je vais au-devant de leurs désirs; je mets dans le désespoir ceux que j'aime, dans l'incertitude ceux que j'ai guidés. *Je vais à ceux que je ne connais pas* et dont je n'ai pas grand'chose à attendre; je m'exile, je me fais *outcast*. Oh! y a-t-il autre chose qu'une impitoyable nécessité pour m'amener là! Aie pitié de moi, ma pauvre amie; qu'ai-je donc fait pour être ainsi délaissé de Dieu et abandonné sur une mauvaise route!

» Du jour où j'ai eu des doutes, j'ai commencé une vie plus austère, et vraiment, depuis ce temps, j'ai été plus sévère envers moi-même qu'à aucune autre époque de ma vie. Je sais mes fautes, je sais que j'aurais pu beaucoup mieux faire ce que j'ai fait; mais, quand même, je ne puis pas avoir l'humble confiance que ma vie n'a pas mérité de perdre la lumière de Dieu. »

On sent que ces craintes, ces sentiments contradictoires agitent son âme d'une cruelle façon; on semble lire le récit de la conversion du grand Augustin.

Il avait commencé son livre en janvier 1845, il y travailla jusqu'en octobre. En avançant, une grande lumière et une grande joie se firent sentir. A la fin, il ne parlait déjà plus de *Roman Catholic*, et disait hardiment *Catholic* tout court.

Déjà, c'était avec quelque amertume que Newman, dans la ferveur de sa foi anglicane et imbu d'ardents préjugés contre l'Église catholique, se rappelait avoir écrit qu'elle était une *Église perdue*, que Rome hérétique avait apostasié à l'époque du Concile de Trente, que la communion romaine était à perpétuité la cause de l'Antechrist, qu'on devait la fuir comme une pestilence, etc....

Reconnu, avec Pusey, comme chef de la Haute-Église, il avait fait, avec son collègue, un voyage sur le continent, évitant avec soin de se mêler aux catholiques. Tous ces souvenirs lui devenaient pénibles.

L'étude constante et approfondie des Pères, à laquelle il se livrait pour la composition de son ouvrage et des *Tracts* dont il avait pris la direction, avait beaucoup modifié ses idées en lui découvrant l'origine véritable de l'Église catholique et la succession de la vraie doctrine non interrompue jusqu'à nos jours.

C'est alors que Newman publia, dans un *Tract* qui portait le numéro 90 de la collection, un traité qui condamnait l'anglicanisme, en attaquant la grande règle de la foi : le *Symbole d'Élisabeth*. Dépourvu de passion, et surtout de cet orgueil qui est la pierre d'achoppement de tant d'esprits en quête de la vérité, il avait étudié les problèmes qui se rattachaient à ce Symbole avec un calme, une loyauté qui lui permirent de se rendre compte de la valeur réelle du *Credo* anglican. S'étant aperçu que les conditions, dans lesquelles les trente-neuf articles de cette profession de foi avaient été dictés, offraient une prise sérieuse à la critique, il constatait dans ce *Tract* que le but de la reine Élisabeth était, non de servir l'intégrité de la foi, mais ses intérêts politiques. De là les contradictions qui s'y rencontrent, œuvre des théologiens serviles qui n'eurent d'autre but que de plaire à l'ambitieuse princesse.

La publication de ce quatre-vingt-dixième traité fut un événement considérable en Angleterre. Jamais, depuis le schisme, écrit touchant la religion d'État n'avait paru dans ce pays. Les autres traités de la collection des *Tracts* étaient anonymes : nul ne s'en inquiétait; mais de tous côtés, étonné de tant d'audace, on demandait avec colère le nom de l'auteur qui attaquait le *Symbole d'Élisabeth.*

Newman affronta bravement le courroux des protestants et revendiqua la paternité de son œuvre, qui venait d'être promptement censurée par le corps enseignant de l'Université d'Oxford. Cette persécution, loin d'intimider le Révérend Newman, l'engage alors de faire un pas de plus en avant. Insensible aux reproches des autorités de l'Église anglicane, le loyal publiciste commença par rétracter toutes les déclamations que, depuis, il a traitées d'insensées, et rétracta tout ce qu'il avait écrit contre Rome. En même temps il défend son œuvre. Puis, renonçant au riche bénéfice de la cure de Sainte-Marie d'Oxford, il se retire au hameau de Littlemore, avec quelques disciples, pour s'y livrer dans le recueillement de la prière et le silence de l'étude, à la recherche de la pleine lumière. Il sentait le besoin d'abandonner pour un temps les luttes de l'Université et de la presse, afin d'atteindre au but qu'il entrevoyait. Sa conversion avait commencé dans les luttes de l'esprit, la prière et la solitude devaient l'achever. Quel travail se produisit dans cet homme doué d'un cœur droit et d'une puissante intelligence; la suite de sa vie allait le montrer.

Le moment décisif vint bientôt où ses croyances religieuses s'affirmèrent par un acte de bonne volonté et de courage chrétien.

La bonne volonté! Il en fallait, certes, mais c'était le courage principalement qui devenait nécessaire, et c'est ce qui rend souvent héroïque la conversion des ministres anglicans.

Il ne s'agit pas seulement pour eux de changer de convictions, mais de situation sociale. Jusque-là leur position est lucrative et honorable. Presque tous jouissent de riches bénéfices, mais ils ne peuvent changer de religion qu'au prix de ces intérêts matériels. Renoncer à ces grasses prébendes, perdre l'estime de tous ceux qui jusqu'alors les honoraient de leur amitié, passer souvent pour n'avoir plus de moyens d'existence, c'est ce qui arrive inévitablement quand, l'instant d'après, ces hommes honorables obéissent au cri de leur conscience.

Voici le moyen dont Dieu se servit pour amener à la lumière du catholicisme le célèbre docteur anglican :

« M. l'abbé Jager, alors chapelain des Invalides, rapporte l'abbé Darras, rencontra un jour, dans un salon parisien, un Anglais de manières distinguées et dont la conversation se tournait de préférence sur les questions les plus élevées de la controverse religieuse. La maîtresse de maison avait ménagé les places à sa table, de telle sorte que, pendant le dîner, l'Anglais se trouva voisin du prêtre. La conversation s'engage et s'anime promptement; la froideur britannique est vaincue par la bonhomie savante et modeste du pieux convive. Chacune des objections du protestant amenait une réponse aussi polie dans la forme que péremptoire dans le fond.

» — Que dites-vous de mon abbé? demanda la maîtresse de maison à l'étranger.

» — J'avoue, répond-il, que je n'ai rencontré nulle part tant de simplicité.

» Il sollicita et obtint sans peine la permission de revoir en particulier celui dont la conversation l'avait captivé.

» Pendant le temps que l'étranger passa encore à Paris, il eut avec M. Jager des conférences dogmatiques dont l'honneur restait au bon prêtre. Celui-ci s'étonnait bien un peu de trouver dans cet Anglais tant de science théologique, et ne savait point qu'il avait affaire avec un éminent docteur de l'Université d'Oxford.

» Au retour de Newman en Angleterre, la controverse continua par correspondance. Les communications épistolaires prirent bientôt un développement et une gravité extraordinaires. Les journaux religieux d'Outre-Manche et ceux de

Paris reproduisirent les diverses phases de la polémique. Les lettres d'Angleterre ne portaient, pour le public comme pour l'abbé Jager, d'autre signature que des initiales.

» Un jour, celui-ci fut mandé par Mgr de Quélen, archevêque de Paris. Le prélat ne le connaissait que par sa traduction de *Démosthène* :

» — Savez-vous, lui demanda-t-il, quel est l'adversaire que vous combattez en ce moment de l'autre côté du détroit?

» — Non, Monseigneur.

» L'Archevêque lui apprit alors le nom de l'étranger qu'il avait rencontré à Paris six mois auparavant.

» De retour en Angleterre, ajoute Mgr de Quélen, le docteur Newman a fait appel aux Facultés réunies d'Oxford et de Cambridge. Ces deux Universités se préoccupent au plus haut point du débat théologique. Ainsi, mon cher abbé, vous avez affaire aux plus illustres champions de l'Église anglicane. Il serait peut-être prudent, de votre côté, de vous adjoindre une société de théologiens catholiques.

» — Bien volontiers, répondit M. Jager. Mais, franchement, pour une cause aussi lumineuse et pour le triomphe d'une vérité éclatante comme le soleil, il me semble que nous n'avons pas besoin de tant d'apparat. Tout prêtre, avec l'aide de Dieu, peut confondre les savants réunis d'Oxford et de Cambridge.

» Après avoir prolongé à dessein la conversation sur les matières théologiques, et découvert dans son interlocuteur une érudition patristique, scripturaire et théologique dont il ne s'était pas douté jusque-là :

» — En vérité, lui dit-il, vous êtes un concile vivant. Que Dieu bénisse vos efforts, mon cher abbé. Continuez votre œuvre. Nul n'est plus à même que vous de la mener à bien. »

On sait le reste. Pendant une année, la controverse se prolongea avec une ardeur et une science qui furent couronnées du plus consolant succès. On publia en volumes le recueil de la correspondance si glorieuse pour l'abbé Jager. Cette édition fut enlevée en peu de temps : il ne permit point d'en donner une seconde et se refusa constamment à livrer à la curiosité publique le nom de ses adversaires anglicans :

— Ce n'est point avec du bruit, ni des discussions, disait-il, c'est par la prière surtout que l'œuvre de Dieu s'accomplit dans les âmes.

La vérité religieuse, fécondée par la grâce divine, agissait sur les âmes des docteurs d'Oxford, et, dans les années suivantes, une glorieuse pléiade de docteurs, de ministres de la religion anglicane, de laïques illustres consolèrent l'Église de Jésus-Christ par leur filial retour.

De ce nombre fut le docteur Newman. Sa conversion eut lieu en 1845. Un de ses disciples, M. Dalgairns, l'avait précédé dans cette voie. Ce jeune converti était à peine de retour à Littlemore que Newman lui demanda d'écrire au Supérieur des religieux d'Aston-Hall, près de Stone, pour le prier de se rendre à Oxford.

Le P. Dominique — c'était le nom du religieux passionniste d'Aston — ne perd pas un instant (1). Soupçonnant quelque mystérieux appel, il se mit en route et arriva le soir même à Oxford, à dix heures, par une pluie battante, qui pendant cinq heures l'avait immergé dans un bain d'eau glacée.

On était à l'entrée de l'hiver, et les diligences anglaises permettaient aux voyageurs de jouir de toutes les variations de la température.

A la descente de la voiture, le religieux passionniste trouva deux disciples de Newman : MM. Dalgairns et de Saint-John. La première parole, que les deux jeunes gens firent entendre, au P. Dominique, fut pour lui annoncer la subite résolution de leur maître de divorcer définitivement avec l'Église anglicane.

(1) Ancien petit pâtre des Apennins, Dominique s'était senti, un jour, puissamment averti au dedans de lui-même qu'il était destiné à prêcher l'Évangile sous les cieux du Nord. Après avoir attendu trente ans, il avait enfin reçu mission d'évangéliser l'Angleterre.
Tel est l'homme en présence duquel allait se trouver Newman.

Une pareille nouvelle suffisait pour faire oublier au bon religieux les inconvénients du voyage. Sans songer à se sécher, le P. Dominique s'installa dans le véhicule qu'amenaient les disciples de Newman, et on prit la route de Littlemore.

« L'eau, écrit un témoin, tombait par torrents. A onze heures, la voiture entra dans le village et se dirigea vers le manoir. Introduit dans le salon, le P. Dominique s'approchait du feu, quand Newman ouvrit tout à coup la porte, se jeta aux pieds du religieux et lui demanda sa bénédiction. A ce spectacle, des larmes de joie baignèrent les joues de l'ancien petit pâtre de la Sabine. »

Le docteur d'Oxford pria le prêtre catholique de l'admettre dans l'Église de Jésus-Christ. Le P. Dominique, tombant à son tour à genoux, remercia le Ciel qui l'avait porté vers l'Angleterre, pour recevoir l'abjuration du plus illustre anglican du XIXe siècle. Un grand miracle de la grâce divine allait s'accomplir, et son cœur en éprouva une joie indicible. Le vénérable religieux fit l'accueil le plus bienveillant et le plus paternel à l'homme illustre qu'il allait introduire dans l'Église de Jésus-Christ et passa toute la nuit à se préparer à ce grand acte.

Newman passa la nuit à faire sa confession générale.

Le lendemain matin, le P. Supérieur des Passionnistes confessa deux disciples du maître. Il reçut le soir leur profession de foi catholique. Le 10 octobre, les néophytes communièrent de la main du P. Dominique et eurent la joie de voir se joindre à eux plusieurs habitants de Littlemore, qui, favorisés des leçons de Newman, tenaient à suivre jusqu'au bout son exemple. Ils parurent dès lors aux offices de l'Église catholique d'Oxford, et trois semaines après y reçurent la Confirmation des mains du vicaire apostolique, Mgr Wiseman. Faber suivit de près cet exemple; le docteur Ward avait pris les devants.

Le chef du mouvement catholique en Angleterre avait alors quarante-quatre ans. Sa conversion fit l'effet d'un coup de foudre sur les anglicans...

« Depuis la Réforme, écrivait M. Glasdtone, nous l'avons dit, c'est le plus grand événement qui se soit produit en Angleterre. John-Henri Newman était l'homme que tous, en ce pays, considéraient comme un instrument providentiel destiné à rendre à l'Église protestante le lustre que l'indifférence du dernier siècle lui avait fait perdre. Et voilà que cet instrument providentiel leur échappait; bien plus, il désavouait l'Église anglicane. »

Le *Times*, le *Morning-Post*, le *Spectator*, *etc*... et tous les organes de la presse anglaise furent remplis de regrets, de cris, de lamentations; ils comprirent que leur religion était mortellement atteinte.

C'était vrai (1).

Dans l'impuissance de combattre et d'imiter une générosité qui sacrifiait tout, avenir, position, fortune, des feuilles protestantes taxèrent d'aveuglement et de folie véritable les sacrifices que firent Newman et ses amis. Sur les conseils de Mgr Wiseman, le nouveau converti vécut encore un an de la vie monastique de Littlemore, mais d'une vie transformée d'après les principes de ses croyances nouvelles; puis, au

(1) A cette époque, Newman, sur le conseil de Mgr Wiseman, résolut de faire l'assaut de son maître, le docteur Pusey. Il se rendit à sa demeure.

« Le docteur Pusey, écrit le comte Grabinski, était un homme de grande envergure, d'une rare bonté, mais d'une opiniâtreté d'autant plus profonde qu'elle était sincère dans la défense de ses idées. »

Il aurait assurément repoussé toute avance de la part d'un étranger; il était incapable, *a priori*, d'éconduire un ancien collègue, dont il avait pendant un quart de siècle partagé les luttes, et pour lequel il gardait une amitié que rien, pas même la conversion au catholicisme, n'avait pu altérer.

En ce temps-là, une circonstance fortuite semblait favoriser l'entreprise de Newman. Puzey était gravement malade.

Mais grâce à sa robuste constitution, il surmonta la crise qui venait de l'atteindre.

Newman multiplia les visites, mais en vain. Son illustre ami demeura ferme dans le rêve d'une Église anglicane unie à l'Église de Rome, ni protestante, ni catholique nationale et universelle à la fois. Cette fausse conception de l'unité de l'Église, mêlée à l'orgueil national et à un reste de préjugés protestants, fut l'écueil où alla se briser sa bonne volonté, et l'abîme où sombra son génie. Bien des fois, dans la suite, on essaya de revenir à la charge, mais ni les abjurations se multipliant autour de lui, ni l'influence de Newman et d'autres amis, ni la bienveillance du Pape, ni l'estime des catholiques ne purent jamais rien pour la conversion du chef des ritualistes.

mois de septembre 1846, il se rendit à Rome, et comme pour prouver la sincérité et l'ardeur de sa foi, il fut heureux d'y recevoir les ordres sacrés.

A son retour de la ville éternelle, l'abbé Newman réunit un certain nombre de convertis, ses anciens disciples et amis, entre autres les PP. Faber et Dalgairns (1), et, de concert avec eux, fonda la Congrégation anglaise de l'Oratoire, dont le siège fut établi à Birmingham.

Ce fut le 1er février 1848 que le P. Newman ouvrit, dans la banlieue de cette ville, la première maison de l'Oratoire. Après avoir chanté solennellement les Vêpres de la Purification, Newmann donna lecture du bref de Pie IX, instituant cette Congrégation; puis il reçut, comme Supérieur de l'Ordre naissant, les cinq disciples nommés plus haut et déjà ordonnés prêtres, et leur adjoignit, avec un novice, trois Frères coadjuteurs.

Peu de jours après cette fondation, la petite communauté s'augmentait de cinq nouveaux membres, conduits par un homme destiné, par la Providence, à devenir un de ses plus puissants instruments pour la conversion de l'Angleterre, Wilfrid Faber, gentleman accompli, fellow de l'Université d'Oxford, et, après Newman et Pusey, le plus remarquable théologien de la grande école. Associé au mouvement anglo-catholique, ce dernier comptait sur lui pour la défense et la propagation de ses idées; mais Faber, dont l'esprit était plus clairvoyant et le cœur plus droit, voyait les défauts de la réforme projetée. La grâce divine avait agi en lui, et un mois après la conversion de Newman, Wilfrid Faber n'était plus protestant; il venait d'abjurer avec plusieurs étudiants de l'Université d'Oxford. La piété et le zèle des nouveaux convertis portèrent vite des fruits salutaires, car plus de mille protestants revinrent bientôt à la foi catholique.

(1) Tous deux auteurs, depuis cette époque, de nombreux ouvrages de piété très estimés.

Alors Faber et ses disciples, voyant que leur but était le même que les Oratoriens de Newman, se joignirent à ceux-ci, et, comme eux, embrassèrent la règle de saint Philippe de Néri.

Peu après la fondation de la maison religieuse de Birmingham, le P. Newman en voulut faire une plus importante encore : ce fut dans la capitale même de l'anglicanisme, en pleine ville de Londres, avec le concours de Mgr Wiseman.

Le Supérieur de la nouvelle maison fut le P. Faber.

— Il serait difficile, dit le comte Grabinski, de narrer tout le bien que firent en Angleterre les Oratoriens dès l'origine de leur institution : les conversions se chiffraient par centaines chaque année. Bien des protestants qui, dans la suite, abjurèrent l'hérésie, durent la première pensée de leur retour à la vraie foi aux prédications oratoriennes. Elles ébranlèrent leurs âmes et jetèrent dans bien des cœurs la semence dont d'autres devaient recueillir les fruits. Partout la foule se pressait pour entendre la docte parole des nouveaux apôtres du Christ, parole mesurée et vraiment sacerdotale.

Ce que Newman produisit de bien par ce moyen est incalculable.

Les soins que réclamaient l'instruction des protestants ne l'empêchèrent point de s'occuper beaucoup des catholiques.

Aucun labeur ne semblait trop rude pour maintenir parmi eux une ferveur continue. Car il estimait que la piété et la vie exemplaire des catholiques étaient le meilleur argument pour attirer à la vérité les âmes droites.

Le paupérisme, l'ivrognerie, l'incontinence et l'impiété qui font, en Angleterre, tant de ravages parmi les classes ouvrières et les pauvres, furent également l'objet de son apostolat, qui s'adressait à tous sans distinction de croyances et de cultes.

Étrangers aux controverses des théologiens, le pauvre et l'ouvrier maudissaient Rome, le Pape et les catholiques, sans les connaître, et par préjugés d'éducation dès l'enfance.

A peine eurent-ils vu de près les ministres de cette Église détestée qu'ils éprouvèrent les bienfaits de leur inépuisable charité et de leur zèle : ils cessèrent de les insulter et subirent leur salutaire influence.

Pénétré, comme Bossuet, de l'éminente dignité des pauvres, le P. Newman n'en voulait point abandonner le soin exclusif à ses confrères ; malgré la multiplicité de ses occupations, ses travaux littéraires, sa prédication et la direction d'une foule d'âmes d'élite, l'illustre chef de l'Oratoire trouvait encore le temps d'évangéliser les pauvres et les ouvriers. Il était touchant, vraiment, de voir le grand théologien entouré de mineurs, aux mains et à la figure noircies par le travail, leur enseignant la foi catholique et élevant leur esprit à Dieu en soulageant leurs corps.

Un tel apostolat fait plus d'honneur à Newman que ses plus beaux triomphes littéraires et oratoires.

Malgré cet apostolat populaire, les succès de cette dernière sorte ne lui manquaient point. En 1850, il voulut donner dans la petite église de l'Oratoire, à la haute société de Londres, une suite de conférences qui réunirent un magnifique auditoire. Plus de sept cents anglicans et parmi eux des ministres de l'Église officielle, des avocats, des membres du Parlement, des savants, des représentants de la noblesse et de la bourgeoisie, assistèrent chaque jour au sermon, se pressant autour de la chaire, d'où Newman les captivait par son éloquence.

L'orateur reçut aussitôt la récompense qu'ambitionnait son noble cœur, car il ne cherchait point sa gloire personnelle, mais le retour des âmes à la bergerie du Seigneur.

La moisson fut telle que l'illustre oratorien vit ses espérances dépassées. Les convertis furent nombreux : parmi eux étaient non seulement des savants de premier ordre et des personnages influents, mais des chefs et des maîtres, que des milliers de disciples suivaient. Non contents d'écouter la parole de Dieu, ces hommes se pressaient dans la maison de l'Oratoire, attendant le moment de voir Newman, de lui parler, d'exposer l'état de leur âme. L'illustre théologien était assiégé, à toutes les heures de la journée, par cette foule assoiffée de vérité.

CARDINAL NEWMAN

Le bien ne fut point borné à la seule capitale de l'Angleterre. Imprimées et vendues à des milliers d'exemplaires dans toutes les provinces du Royaume-Uni, ces conférences ébranlèrent chez beaucoup d'anglicans leur confiance dans l'Église établie qui les empêchait d'aborder résolument le problème de l'unité de l'Église chrétienne.

La renaissance catholique, dont Newman était un des principaux chefs, devait susciter contre lui des ennemis, partisans fanatiques et aveugles de l'Église établie. Cette conviction était si fortement enracinée dans leur esprit, que si l'on voulait combattre sérieusement le catholicisme, on devait, avant tout, frapper l'homme qui le représentait et qui avait conduit la réforme puséiste là où, sans lui, elle ne serait jamais arrivée. Détruire la réputation de Newman, c'était démolir le plus ferme soutien de la foi catholique, c'était prendre d'assaut une forteresse formidable.

Un apostat italien fournit, aux mœurs du protestantisme anglais, l'occasion qu'ils cherchaient. Après avoir étonné l'Italie par ses scandales et son inconduite, l'ex-moine Achilli était venu en Angleterre, où il avait embrassé la religion anglicane. La vraie foi qu'il avait prêchée en son pays, il s'étudia à la blasphémer au delà de la Manche, et dans ce but plusieurs ministres anglicans lui prêtaient les chaires dans leurs églises pour propager des calomnies contre les rites sacrés, les prêtres, les moines, les cardinaux, le pape Grégoire XVI. C'en était trop vraiment, et déjà l'éminent cardinal Wiseman avait démasqué le traître dans la *Revue de Dublin* (juillet 1850).

Laisser jeter l'insulte à tout ce qu'il y a de sacré était chose impossible au P. Newman. Aussi, quand l'apostat vint, par ses prédications, le relancer jusqu'à Birmingham, le Supérieur de l'Oratoire de cette ville, indigné de ces attaques, prit en main la brochure de Mgr Wiseman et écrasa le malheureux apostat par des paroles terribles, citant tous les scandales de sa vie, depuis 1826 jusqu'à ce jour.

La revanche du fanatisme anglican et de l'impiété ne se fit pas attendre. Le P. Newman fut poursuivi devant les tribunaux anglais, comme coupable d'avancer des accusations impossibles à prouver. Or, si quelqu'un devait être cité devant les juges, c'était Mgr Wiseman qui, le premier, avait allégué ces faits. Mais pour les anglicans le seul coupable ne pouvait être que le P. Newman.

Ce fut une épreuve pour le célèbre converti, mais il ne recula point devant la difficulté de prouver ses accusations. Le procès devait coûter plusieurs centaines de mille francs ; les catholiques d'Angleterre, d'Irlande, de France et d'autres nations envoyèrent de généreuses offrandes, pour permettre à l'accusé de soutenir dignement une cause qui devenait celle du catholicisme.

Cependant le P. Newman réunissait les preuves dont il fit venir d'Italie les documents.

Le malheureux Achilli comptait sur la partialité des juges anglais, qui avaient la haine du papisme, et ce ne fut pas en vain. Le tribunal condamna Newman à cent livres sterling (2,500 fr.). Deux choses, néanmoins, frappaient le public dans la sentence rendue : le grand respect, l'admiration même que la cour témoignait au P. Newman, et le langage modéré que les magistrats employèrent en parlant de l'Église catholique. C'était une victoire. En voici la preuve.

La presse tout entière, en Angleterre, prit fait et cause pour Newman, félicitant la magistrature d'avoir rendu justice à un homme que le pays estimait. Achilli fut abandonné à son triste sort et s'enfuit cacher sa honte en Amérique.

Ainsi se terminait cette crise provoquée par l'intolérance des évangéliques. Le prestige de Newman s'en accrut, et continua à rendre son enseignement et son autorité plus acceptables encore.

L'anglicanisme ne tarda pas à reconnaître les pertes que lui avaient causées Newman. La conversion de Newman, de Faber, de Dalgairns, de la comtesse d'Arundel, de lord Feilding, du docteur Allies et de tant d'autres l'avait profondément blessé.

L'évêque de Londres défendit sévèrement à ses prêtres d'avoir le moindre rapport avec les Oratoriens, d'assister aux offices religieux dans leurs églises, et surtout aux lectures et aux sermons. En même temps il gourmanda les ministres de son diocèse de ce qu'ils inclinaient à admettre le culte de la Vierge et des Saints, et leur reprocha de faire le signe de la croix selon le rituel romain. C'était l'influence de Newman et de ses confrères qu'on redoutait. Ce prélat voyait juste en indiquant l'Oratoire comme le centre de la renaissance catholique en Angleterre. La parole qui avait rendu à l'Église catholique de ce pays une nouvelle jeunesse ne venait pas du dehors, mais c'est du sein de l'anglicanisme qu'elle avait germé.

Le bien immense, produit par le zèle du docteur Newman, n'eut point pour résultat de rendre l'ardent apôtre orgueilleux de ses succès. A toutes ses autres qualités il joignait une profonde humilité. Pie IX ayant conféré aux PP. Newman et Faber le titre de docteur, le cardinal Capecelatro voulut obtenir une copie du bref accordant ce titre à Newman, mais jamais il ne réussit à l'obtenir. Celui-ci ne put se décider à le lui communiquer.

Le mouvement catholique qui se produisit en Angleterre parut une occasion favorable à Pie IX pour rétablir la hiérarchie de la véritable Église, d'autant plus que les ministres de ce pays n'y paraissaient pas opposés. Donc, par la bulle *Universalis Ecclesiæ,* furent créés douze évêchés et un archevêché, ce qui devint le signal d'une crise violente de la part des anglicans, qui redoutaient « une invasion papiste. »

Déjà irrités de la conversion des nobles personnages nommés, plus haut et d'une foule d'autres, qu'il serait trop long de mentionner, les ennemis irréconciliables de la religion romaine virent augmenter leur courroux quand Wiseman fut créé cardinal. Aussitôt l'agitation devint extrême : gravures et images obscènes où le Pape et les évêques catholiques étaient représentés, les religieux de tous Ordres portant des instruments de torture et des armes à feu; journaux où flamboyaient en grosses lettres ces mots : *Ne jamais se soumettre;* attaques des pasteurs en chaire, pétitions à la reine, tous les moyens furent employés pour soulever le peuple contre les convertis. Le gouvernement anglais lui-même, emporté par le torrent, présenta des lois de persécution, et les Communes, unies aux lords, approuvèrent un bill déclarant nuls les brefs du Pape. Par cette mesure, quiconque en Angleterre prendrait le titre d'évêque d'une terre anglaise serait condamné à une amende de cent livres sterling (2,500 francs). Ce qui n'empêcha point le cardinal Wiseman et les autres évêques catholiques de prendre les titres épiscopaux que le Pape leur avait assignés.

Ce moment de crise redoutable ne trouva point le P. Newman inactif. Menaces des agitateurs, injures de la populace, persécution du pouvoir, rien ne fut capable de l'effrayer. Invincibles étaient son zèle et sa foi. Résolu à ne rien écrire mais à parler haut, il prononça, dans l'église de Saint-Chads, à Birmingham, un grand discours, véritable chef-d'œuvre d'érudition, d'éloquence et de sagesse.

Aux catholiques, l'orateur montrait que de tout temps, sous l'ancienne comme sous la nouvelle loi, Dieu a permis que les bons fussent persécutés, que la lutte entre Dieu et Bélial durât sans interruption. Puis, passant aux abus qui pouvaient se rencontrer dans la société catholique, dans le clergé régulier et séculier, Newman, avec éloquence, démontra que ces maux sont inséparables de toute institution établie sur la terre. Si sainte qu'elle soit, l'Église subit dans une certaine mesure l'influence de la société civile qui l'entoure et même des fidèles qui la composent, lesquels ne sont pas des anges mais des hommes.

Le Père poursuit son discours en rendant hommage aux

grandes qualités de ses concitoyens; mais leurs défauts, qu'il combat avec vigueur, ne sont point dissimulés.

Parlant des causes de leur aversion pour le catholicisme, l'orateur les examine au long.

« La nature de cette Église catholique, dit-il, est de ne pas souffrir de rivaux. Elle a son propre enseignement qu'elle déclare fondé sur les révélations divines.

» Il s'ensuit que, pour y entrer, l'Anglais devrait habituer son esprit à des idées nouvelles et les apprendre d'elle et de ses ministres.... Le citoyen britannique a trop à faire pour apprendre ce qui se rapporte à la vie présente sans se préoccuper des révélations d'un monde à venir. C'est pourquoi il aime mieux se persuader que le Tout-Puissant ne nous a pas dit autant de choses que les catholiques en attribuent à ses révélations, et, volontiers, il accepte tout argument qui témoigne contre eux. En outre, la pensée qu'un autre homme vienne s'interposer, comme un maître dans les affaires de son âme, le trouble.

» *La maison d'un homme anglais est sa forteresse*. Cette maxime, si salutaire en politique, est, au contraire, très dangereuse, si on l'applique à la religion et à la morale. Celui qui est né sur notre terre est réfractaire à la pensée d'être privé du droit de donner son propre avis sur toutes les questions soumises à son examen. Il lui est insupportable de se croire incapable de penser avec sa propre intelligence, même sur le plus important et le plus difficile des problèmes. C'est pourquoi, il regarde presque comme une injure d'entendre dire que Dieu a parlé et qu'il a arrêté le cours des libres recherches de l'intelligence humaine. »

En outre, le P. Newman remarque que l'Anglais est très attaché à ses vieilles idées religieuses, qu'il regarde comme absurde et ridicule, avant tout examen, une croyance quelconque. Après avoir indiqué, avec les préjugés qui rendent difficiles la conversion de l'Angleterre, l'amour excessif des richesses en opposition directe avec les maximes évangéliques, l'illustre orateur concluait en ces termes :

« Nous nous réjouissons en ce jour, comme ceux qui sont tellement dévoués aux âmes que, pour les sauver, ils feraient de magnanimes efforts, mais qui, aimant Dieu, bien plus encore trouvent en lui la plus complète récompense des contradictions qu'ils éprouvent. Nous vous aimons, ô hommes de cette génération, mais nous ne vous craignons pas. Sachez-le bien, et n'oubliez jamais que nous nous consacrerons à l'œuvre du Seigneur et remplirons tous nos devoirs avec votre consentement, s'il nous est possible, mais que, si vous le refusez, nous n'hésiterons pas à nous en acquitter, même en dépit de vous. Ainsi, vous n'avez qu'une arme seulement pour nous empêcher d'agir : c'est celle des violences matérielles.

» Sachez toutefois, dès maintenant, que nous ne vous demandons que ce que l'Apôtre demanda, c'est-à-dire la liberté de la parole. Nous désirons uniquement vous vaincre en faisant appel à votre intelligence et à votre cœur.

» Quant à nos personnes, il y a longtemps déjà que le monde s'est déchaîné contre nous. On a déjà jeté tant de blâmes et de sarcasmes à la face des catholiques qu'il serait impossible d'en augmenter la mesure.... Personne ne proclame la vérité devant le monde trompé, sans que le monde le dénonce lui-même comme trompeur. Nous avons pleine connaissance de notre mission et de notre sort : porter témoignage et être foulés aux pieds, être repoussés comme méchants et triompher. Voilà la loi imposée par le Seigneur à ceux qui annoncent la vérité : ses apôtres souffriront, mais leur cause prévaudra.... Demeurons fidèles à nous-mêmes, et le vent impétueux tombera, et nous verrons s'apaiser la mer furieuse. »

Inutile d'insister sur la noblesse et la beauté de ce langage qui produisit la meilleure impression en Angleterre. La fermeté, alliée à une grande modération, à une charité admirable envers les protestants et à un patriotisme éclairé, donnait un haut relief aux paroles de Newman.

Mais trop violente était alors l'émotion des anglicans pour se calmer soudain : les ennemis les plus acharnés du catholicisme ne désarmaient point. Comprenant de quel secours devenait le P. Newman pour ses coreligionnaires, c'est à lui qu'ils continuaient de s'attaquer. Détruire sa réputation, c'était démolir le plus ferme soutien de la foi, c'était prendre d'assaut une forteresse formidable. Si l'on pouvait prouver que cet homme si estimé ne jouait que le rôle de menteur, son influence serait détruite et avec elle allait sombrer les espérances des catholiques.

Sur les fonds envoyés de toutes les parties du monde catholique pour solder les frais de son procès contre Achilli, il restait quatre-vingt-onze mille francs. Newman refusa de les garder pour sa maison de Birmingham. Du consentement du comité de souscription, le Supérieur de l'Oratoire attribua cette somme à la fondation d'une *Université catholique* à Dublin. Il fut, en effet, un des plus ardents promoteurs de cette œuvre si utile. Au plus fort de la tempête amenée par le procès, le célèbre théologien s'était rendu à Dublin pour exciter le zèle des Irlandais en faveur de la future Université. Aussi bien, mérita-t-il que le soin d'organiser cette institution d'enseignement lui fut confié par l'épiscopat anglais, et, en dépit des obstacles suscités par le gouvernement anglais, le P. Newman réussit à créer un établissement qui fait aujourd'hui la gloire de l'Irlande.

Toute sa vie, le Père oratorien s'occupa peu de politique ; toutefois, cette même année 1854, alors que la guerre de Crimée était en perspective, il voulut donner une série de conférences sur les Turcs en Europe. Ces conférences étaient faites dans une salle assez modeste à Liverpool ; mais les auditeurs affluant de toutes parts, aucun local ne devint assez vaste pour les contenir.

Depuis lors, la voix de Newman s'est encore fait entendre dans certaines polémiques qui touchaient à la politique; mais, avec les années, ses écrits sont devenus de plus en plus rares. En récompense des immenses et nombreux services rendus à l'Église, Léon XIII le créa cardinal-diacre du titre de Saint-Georges, le dispensant en même temps de la résidence à Rome, assignée par cette dignité.

Au mois d'août 1890, une dépêche de Birmingham annonçait la mort du Cardinal qui atteignait sa quatre-vingt-neuvième année. Depuis quarante ans il s'était séparé du protestantisme (1), et n'y est point revenu, bien que des feuilles protestantes d'Angleterre ou des publications impies du continent l'aient annoncé dans le but de faire passer l'illustre converti pour un esprit inconscient et d'attaquer la sincérité de sa foi nouvelle. Calme et paisible, sa vie s'est éteinte à Birmingham, où il avait passé à la fois tant d'années orageuses et goûté une paix profonde à la suite de puissantes controverses de sa vie militante.

(1) M. de Pressensé, fils du sénateur et ministre protestant, protestant lui-même et rédacteur du journal protestant *le Temps*, a fait, en 1894, des conférences sur la conversion de Newman et de Manning au catholicisme.

A la grande surprise de ses auditeurs, l'orateur a accordé les plus grandes marques d'estime au mouvement *tractarien* dirigé par Newman et ses disciples. Il en a loué la sincérité, la piété, surtout la compétence scientifique, insistant avec une sympathie visible sur la valeur morale de Newman et de Manning, ces grands caractères qui ont inspiré tant de regrets dans l'Église anglicane qu'ils ont quittée.

Analysant l'œuvre théologique de Newman, le conférencier l'a montré gravissant un douloureux calvaire, son âme livrée à cette noble anxiété qui ne saurait être comprise que de ceux qui ont soif de la vérité et de la justice. Il a été jusqu'à citer cette poésie que le vénéré religieux a composée dans ses jours d'angoisse, et que nous avons reproduite plus haut :

« O Rome, ô Église romaine, toi que j'ai appelée la prostituée de Babylone, il faudra donc qu'un jour je me jette dans tes bras et que je t'appelle ma Mère.... »

La conclusion que l'orateur a tirée de sa conférence est délicate, a-t-il dit lui-même, — on n'a pas ordinairement le courage de la livrer au public, — la voici :

« Le protestantisme reposait sur deux principes : l'inspiration divine de la Bible et la justification par la foi à Jésus Sauveur. Chaque mot des Livres Saints était la parole de Dieu, et le Christ Sauveur était cru en toute vérité le Fils éternel de Dieu fait homme. Mais aujourd'hui, continue M. de Pressensé, qu'a fait le protestantisme de ces deux fondements?

» L'inspiration divine des Saints Livres, qui l'admet encore? Le Christ est-il

Depuis longtemps le rude joûteur, déposant les armes, avait cédé à d'autres l'honneur de conduire le parti catholique en Angleterre. A l'Oratoire, les derniers temps de sa vie ne furent pas un simple repos, car il continuait sans cesse ses travaux. Chaque dimanche, sa messe était célébrée en public, et peu de jours avant de mourir il prêcha encore, soutenu de chaque côté par un prêtre. Beaucoup de personnages célèbres lui demandaient audience. Il les recevait et s'entretenait avec eux d'un ton toujours enjoué. Ses amis, M. Gladstone, M. Fronde et plusieurs autres, ont décrit le Newman des vieux jours, à Oxford, dont l'éloquence particulière touchait les cœurs d'hommes que l'éloquence ordinaire eût laissés plus inaccessibles.

Il était doné d'un génie à part et parfaitement adapté à la mission dont l'avait chargé la Providence. Son influence fut considérable; sa sincérité, son dévouement, son abnégation, sa simplicité, en un mot, les plus aimables vertus appuyaient son langage et lui donnaient une onction à laquelle difficilement on pouvait résister.

Aussi, sa parole et ses vertus ont-elles produit un nombre

encore cru et prêché comme Dieu réel, incréé et consubstantiel à son Père? Il n'est plus, aux yeux des protestants, qu'un être purement humain; sa divinité n'est que la sainteté ou la perfection morale.

» Enfin, il ne reste plus aux âmes protestantes, pour guide ou autorité, que la conscience individuelle; de là un émiettement qui va sans cesse grandissant et qui n'a plus de raison pour s'arrêter.

» En présence de ce spectacle, on se demande si la vérité, la vie surnaturelle ne sont pas plus en sûreté dans le catholicisme. Ces âmes religieuses veulent un dogme, une autorité, la certitude; or ne se sont-elles pas poussées à les demander à l'Église romaine qui leur donne ses affirmations doctrinales, son *Credo* invariable, et qui seule semble avoir la clef des problèmes sociaux de notre époque? Ce que la conscience des Newman, des Manning a accepté, qui pourrait *a priori* le déclarer faux?

» Lorsque nous voyons des hommes d'une telle science et d'une si grande piété se jeter dans les bras de l'Église romaine, qui oserait les blâmer? alors que l'on ne nous présente plus qu'un Christ intangible, *une nébuleuse*, qui pourrait s'étonner si d'autres les suivent? »

M. de Pressensé, ajouterons-nous, termine avec une émotion visible cet aveu loyal et courageux, que *le protestantisme, n'ayant plus de fondements, est un édifice qui croule, et que les chrétiens qui ne veulent pas périr sous ses ruines n'ont d'autre refuge que la sainte Église romaine.*

important de conversions chez les anglicans. Esprit doué d'un côté poétique qui donnait du charme à ses écrits et à ses conversations, il possédait en même temps une sorte d'ironie poignante qui ajoute à l'intérêt et à la force de ses ouvrages de controverse. Il est remarquable toutefois que, quoique le cardinal Newman eût abandonné la foi de la majorité des Anglais pour mettre ses merveilleux talents au service d'une Église si détestée en son pays, jamais il n'a perdu le respect et l'admiration de ses concitoyens. Ceux-ci eurent la générosité de reconnaître les qualités supérieures et les vertus du Cardinal, ainsi que la sincérité des motifs qui l'ont fait sortir de leur Église.

M. Disraéli a dit que son départ avait été le plus rude coup porté à l'Église d'Angleterre depuis la Réforme, un coup qui la fait encore chanceler.

Nombreux sont les ouvrages du cardinal Newman, et il est impossible de les signaler tous ici. Les intelligences qui vivent dans l'erreur y trouveront des arguments nouveaux très saisissants et très propres à ouvrir leurs yeux à la vérité.

PARIS (François-Edmond)

AMIRAL, DE L'INSTITUT ET DU BUREAU DES LONGITUDES

(1805 — 1893)

> « Les hommes ne sont grands que par le dévouement et la science unie à la foi : toute autre élévation manque de véritable grandeur. »
> (Meignen.)

Il n'est pas permis d'omettre en ces pages le nom glorieux de l'amiral Pâris, décédé en 1893, à l'âge de quatre-vingt-sept ans. Dans cette vieillesse avancée, il avait conservé une verdeur d'esprit qui faisait espérer à ses amis de le conserver encore, pour l'honneur de la science.

François-Edmond Pâris était né à Brest. Élève de l'École de marine d'Angoulême, il en sortit avec le grade d'aspirant, devint enseigne en 1826, et partit la même année avec le célèbre Dumont d'Urville, pour faire le tour du globe sur l'*Astrolabe*. Pâris eut ainsi le bonheur d'avoir, comme l'un de ses premiers chefs, un marin dont le nom brille d'un vif éclat dans l'histoire des navigateurs, et breton, il puisa chez Dumont d'Urville un exemple de ce que la ténacité et le caractère peuvent obtenir, à bord, des officiers et des matelots.

Ce premier voyage d'Urville à travers l'Océanie est plein d'aventures auxquelles le commandant de l'*Astrolabe* n'échappe qu'à force d'audace. Il abat sa corvette en carène à Papéiti ; il laisse ses ancres dans les coraux de Tonga, court ensuite explorer des archipels peu ou point connus jusque-là, et revient en France, après avoir accompli, et au delà, la mission qui lui avait été confiée.

Pâris, alors enseigne de vaisseau, s'enthousiasma pour ce chef à la mémoire duquel il voua un vrai culte, et ses souvenirs d'octogénaire se reportaient souvent à cette époque où il avait fait ses premiers essais hydrographiques.

— Toute ma vie, disait-il, j'ai regretté de ne pas faire partie de la deuxième expédition de d'Urville.

On comprend alors combien il déplora la catastrophe qui nous enleva une de nos plus glorieuses figures de la marine.

Mais, si l'enseigne Pâris ne put s'embarquer à bord de l'*Astrolabe* ou de la *Zélée*, il fit, comme compensation, un deuxième voyage autour du monde sur la *Favorite*, commandée par Laplace, ce qui lui fournit bien des occasions de lever des plans, de tracer le contour des côtes nouvelles, et, mieux encore, de dessiner et de mesurer les navires à formes étranges qui naviguaient alors dans les mers de l'Inde et de la Chine.

Un troisième voyage sur l'*Artémise* comme lieutenant de vaisseau, en 1837, lui permit de revoir de nouveau ces régions de l'Extrême-Orient, à cette époque si peu connues des Européens. Au cours de cette navigation, se trouvant à Porto-Novo, il eut la main gauche broyée par un engrenage, et dut subir l'amputation de l'avant-bras.

Un autre côté des tendances d'esprit de l'officier de marine ne devait pas tarder à se manifester. A cette date naissait la navigation à vapeur, et les facultés primesautières de Pâris lui firent de suite prévoir le rôle de ce nouvel engin dans la marine de guerre : aussi, demanda-t-il à aller en Angleterre étudier la construction des machines pour navires à vapeur.

Trois mois passés dans l'atelier de William Fawet en firent le premier mécanicien de notre flotte.

Ce titre lui a été conservé durant toute sa carrière, et il l'a mérité par la vive impulsion par lui donnée à toutes les recherches, qui ont eu pour but la meilleure utilisation du puissant et nouvel engin.

Une des qualités de Pâris, qualité bien rare d'ailleurs et méprisée de nombre de gens, était d'être absolument avare lorsqu'il s'agissait des deniers de l'État, tout en ne l'étant pas de son argent. A bord du *Castor* comme de l'*Archimède*, deux navires dont il eut le commandement, il se préoccupait des économies susceptibles d'être réalisées, soit dans la conduite de la machine, soit en associant la voile à la vapeur, et c'est encore à lui que l'on doit le premier traité sur la navigation à moindre frais.

En 1840, au retour de son dernier voyage autour du monde, ses albums s'étaient enrichis de plus de six cents vues de côtes et de cent belles aquarelles qui faisaient l'admiration des officiers supérieurs. Ses titres à l'estime des marins et à l'attention de l'Académie devaient s'accroître lorsqu'il fit paraître son *Dictionnaire de la Marine à vapeur*, premier ouvrage de ce genre publié en France, qui contenait la description de tous les appareils de navigation, les principes de leur montage et de leur conduite.

Puis se succédèrent : le *Manuel du mécanicien*, le *Traité de l'hélice*, un *Catéchisme du mécanicien*, tous ouvrages pleins de science expérimentale, qui, publiés en même temps que des albums remarquablement dessinés, faisaient croire qu'il y avait dans la marine deux officiers consacrant toutes leurs heures à l'art et à l'étude. Cette activité, qu'un accident privant le lieutenant Pâris d'un bras rendait plus incompréhensible, ne l'empêchait point d'être doué de grandes qualités de cœur et d'esprit.

« Il est, disent ses chefs, excellent camarade, doux et ouvert, discret et plein de réserve. »

A l'époque de la guerre de Crimée, la transformation qui allait s'opérer dans le mode de propulsion des navires est due, en grande partie, à l'influence de Pâris et de ses ouvrages. La question était vraiment grave et compliquée : la vapeur émettait la prétention de se substituer à la voile.

Les officiers étaient partagés en deux groupes. Les uns, de beaucoup les plus nombreux, admettaient bien l'utilité, le cas échéant, des remorqueurs à roues, mais considéraient comme utopie l'installation, à bord d'un vaisseau de cent canons, d'un moteur à hélice, capable de lui imprimer une grande vitesse.

Les autres croyaient à l'avenir.

En même temps que notre grand ingénieur Dupuy de Lôme (1) créait *le Napoléon*, point de départ de toutes les marines militaires modernes, le capitaine de vaisseau Pâris s'appliquait à former des mécaniciens par ses ouvrages en même temps que par son travail manuel, pour lequel il n'hésitait pas à endosser fréquemment les vêtements d'ouvriers. On peut dire que son exemple et ses livres joints à l'action de Dupuy de Lôme ont convaincu et entraîné les jeunes officiers de l'époque, opérant en même temps une révolution immense dans l'art naval.

(1) Voir sa biog. dans ce livre.

Des travaux si considérables et de si importants services rendus à la France devaient être appréciés et récompensés.

Déjà, après la prise de Sébastopol et celle de Kinburn, le brillant officier de marine avait reçu du Ministre un témoignage spécial de satisfaction, accompagné de la mention : *Officier général d'une grande activité et d'un dévouement parfait.*

Nommé major-général de la marine à Brest, en 1858, Pâris était appelé l'année suivante au commandement d'une division de l'escadre de la Méditerranée. En 1863, l'Académie des Sciences le jugeait digne de remplacer Bravais et l'admettait dans son sein. En ce moment, honoré du titre de membre de l'Institut, il était loin de penser qu'il avait le droit de cesser le service actif. Jeune officier, il avait fait de l'hydrographie; capitaine de frégate, il rêvait de continuer les travaux de Gauthier dans la Méditerranée, renonçant, au besoin, à l'avancement qui lui était dû, pour mener à bonne fin ce travail. Il était donc naturel qu'il songeât à revenir au Dépôt de la marine, établissement auquel il avait déjà été attaché.

Sa nomination aux fonctions de Directeur général permit à ses collègues d'apprécier vite sa bienveillance. On le vit là cherchant à améliorer la production des cartes marines, organisant de nouvelles missions, s'inquiétant du fonctionnement de chacune des parties du service, et s'attachant d'une façon spéciale à ceux qui lui semblaient possédés comme lui d'une grande ardeur pour le travail.

En 1871, arriva le moment où il dut résigner ses fonctions de Directeur. Les derniers mois avaient été rudes.

Resté seul à Paris pendant la Commune, veillant autant que possible à la conservation des richesses scientifiques du Dépôt, il put, entre temps, sauver du feu son ami et son confrère de Tessan, que l'incendie du Ministère des Finances allait atteindre dans le lit où le clouait de cruelles douleurs.

Le repos ne pouvait pourtant venir pour ce rude travailleur, même après que la marine l'eût placé dans le cadre de réserve. Il demanda comme retraite la place de Conservateur du Musée de la Marine, et s'y donna tout entier, consacrant à son amélioration la totalité de ses appointements.

Bien plus, placé à la tête d'un arsenal en miniature qu'il avait trouvé en assez mauvais état, et qu'il rendit le plus beau et le plus riche du monde, il voulut conserver le souvenir de tous les navires de l'heure actuelle, aussi bien que ceux du passé, et comme la construction d'un millier de modèles eût coûté une somme énorme et exigé un emplacement dont il ne pouvait disposer, il songea à continuer l'œuvre célèbre de Chapman, en faisant graver des plans cotés, de toutes les formes de navires qu'il pouvait se procurer.

Les vingt dernières années de la vie de l'Amiral ont été employées à dessiner trois cents planches d'une grande étendue qu'un habile graveur reproduisait, et la marine lui doit la possibilité de pouvoir reconstruire, au jour dit, tel type de bateau dont le dernier échantillon aurait disparu depuis des siècles.

L'amiral Pâris ne voulut pas d'ailleurs que sa dernière œuvre fût périssable, et, en 1888, il demanda à l'Académie qu'elle se substituât à lui après sa mort, lui léguant une rente perpétuelle pour continuer de si beaux et si utiles travaux. Sa requête à ses confrères, « pour la conservation d'objets qui se perdent faute de soins, » est pleine de sens, et l'Académie en l'accueillant voulut que le titre des albums ne fût pas modifié. Elle veillera à ce que, chaque année, de nouvelles planches soient publiées sous le nom de *Souvenirs maritimes conservés*, et ceux qui les verront se rappelleront toujours la figure si aimable et si ouverte de celui qui les a entrepris.

Ainsi, toujours infatigable, le laborieux marin, après avoir quitté l'activité du service, continua jusqu'à sa mort à rassembler et à condenser tous les documents utiles à la construction

AMIRAL PARIS

et à la conduite des navires. Sa longue et fructueuse expérience était une garantie de la valeur de ses travaux.

« Je ne puis citer, a dit sur sa tombe M. Bouquet de la Grye, toutes les œuvres accomplies par l'Amiral pendant les trente années qu'il a été l'hôte assidu des séances de l'Académie, conservant jusqu'à la fin toute sa puissance de travail. Peut-être cette activité l'aidait-elle à engourdir de grandes douleurs. La mort d'un fils, les espérances conçues sur la valeur et le talent de cet officier noyé dans la rade du Piré revenaient souvent sur ses lèvres. Sa fin peut-être lui a paru douce, car elle le rapprochait de celui qu'il avait tendrement aimé! »

« Campagnes de guerre, campagnes scientifiques de circumnavigation, continue le contre-amiral Fleuriais, l'amiral Pâris les a toutes faites pendant la période de 1822 à 1864. Ses séjours à terre n'ont été que des exceptions, et encore les employait-il, non à se reposer, mais à des recherches relatives aux perfectionnements de la navigation.

» Son rapide avancement dit d'ailleurs en quelle haute estime furent prisés ses éminents services par le département de la Marine.

» L'Amiral était adoré des officiers et des matelots pour la bienveillance qu'il apportait dans les relations quotidiennes du service; il était vénéré de toute la marine pour sa haute compétence dans toutes les choses techniques de la navigation et son énergie dans le commandement.

» Adieu, Amiral, et au revoir!

» Vous n'avez laissé sur cette terre que profondes sympathies, respectueuses affections et admiration pour vos savantes initiatives et votre constance dans le travail.

» La marine, fière de vous, conservera de votre nom le plus précieux souvenir. »

Enfin M. Faye, son autre collègue au Bureau des Longitudes, ajoute à cet éloge :

« L'Amiral partageait son temps entre l'Académie, le Bureau des Longitudes et le Musée maritime qu'il enrichissait à ses dépens, avec une générosité bien rare. Jamais il ne manquait à nos séances, à moins d'une indisposition, qui, dans ces derniers temps, arrivait quelquefois comme un indice précurseur de la grave maladie qui devait l'enlever; toujours il prenait part à nos débats, et contribuait efficacement, par son expérience des choses de la mer et la connaissance parfaite des pays lointains, à diriger les expéditions où le Bureau des Longitudes devait lancer ses missionnaires scientifiques.

» Nous ne saurions passer sous silence, ajoute l'éminent Directeur de l'Académie des Sciences, l'œuvre capitale de ses vieux jours : la reconstitution de la marine des temps passés, qu'il a fait revivre, pour ainsi dire, de toutes pièces. Certes, c'était un beau spectacle de voir ce marin, qui avait si rudement travaillé au triomphe de la nouvelle navigation à vapeur, se remettre à ces modèles d'un autre temps pour en éviter la perte et ravir à l'oubli des formes surannées, mais belles encore, d'un passé brillant. L'Amiral a refait toutes ces formes qui menaçaient de disparaître : il les a dessinées lui-même sur des données exactes, qui permettraient, si cela devenait nécessaire, de les reconstruire entièrement. Grâce à lui, elle revit chez nous, cette belle marine d'autrefois, qui si longtemps a été associée aux gloires de la France.

» Nous venons de rappeler quelques traits d'une longue carrière d'honneur et de dévouement. L'amiral Pâris a vécu de longues années, sans défaillance, toujours, et jusqu'au terme de ses quatre-vingt-sept ans, enchaîné à ses devoirs, modèle des hommes de son rang, honoré par les regrets de ses collègues, et, en particulier, laissant auprès de ses amis du Bureau des Longitudes le modèle achevé d'un homme de bien parvenu loyalement aux plus grands honneurs qu'il a honorés lui-même par un dévouement absolu à la patrie. »

Il est à Paris une maison bénie où d'illustres vieillards, comme des infirmes pauvres, viennent retrouver, avec quelque soulagement à leurs douleurs, la paix du cœur et le calme d'une existence jusqu'alors agitée par le travail et les douleurs physiques. C'est là, chez les Frères de Saint-Jean de Dieu, de la rue Oudinot, que s'était retiré l'amiral Pâris sur la fin de sa vie; là qu'il est revenu à la pratique religieuse; là enfin qu'il a succombé, le 12 avril 1893, aux suites de l'attaque de paralysie dont il avait été frappé peu de temps auparavant (1).

Calme et douce fut cette agonie; car la foi et la confiance en Dieu étaient demeurées vivantes au fond du cœur du vieux marin, et, comme tout vrai Breton, il put redire en mourant ces belles paroles :

— *Je crois, j'aime, j'espère.*

Et le poète pouvait lui adresser ses vers :

Ah! tu n'es pas de ceux dont la témérité,
Dès l'abord, a proscrit toute divinité,
Qui traitent de légendes ou de brumeuse histoire
La croyance pieuse, et qui s'en font un jeu.
Ton esprit droit et fort n'a jamais voulu croire
Que pour être savant on dût renier Dieu.

(1) A proximité du boulevard des Invalides, non loin de la maison-mère des Frères des Écoles chrétiennes, les Frères de Saint-Jean-de-Dieu ont ouvert une maison de santé dans la rue Oudinot. La maison est de chétive apparence et déjà fort ancienne, mais les chambres sont spacieuses et aérées, munies de tous les meubles utiles à un malade. A ceux qui viennent se faire soigner on ne demande point d'extrait de baptême; on ne s'inquiète que de leurs maux que l'on tâche de guérir. Mais plus d'un y retrouve la santé de l'âme qu'il ne cherchait pas. C'est là que beaucoup d'hommes célèbres à divers titres sont venus abriter leurs derniers jours et mourir, tels que Félix Douay, dont la mort n'avait pas voulu sur vingt champs de bataille, Paul Féval, etc.

PITRA (DOM)

SAVANT, HISTORIEN, CARDINAL

(1812 — 1891)

« Il est nécessaire de savoir douter où il faut, assurer où il faut, se soumettre où il faut. » (Axiome de DOM PITRA.)

Il y a près de soixante ans, la France voyait avec bonheur rentrer sur son territoire la famille de saint Benoît. Les débuts furent bien humbles. Un petit prieuré sur les bords de la Sarthe, Solesmes, était le berceau de l'Ordre renaissant.

Les circonstances extérieures semblaient peu favorables aux entreprises de ce genre. On était sous la monarchie de Juillet, toujours si hostile aux institutions religieuses. Mais le Ciel avait ses desseins. En ces revenants des temps anciens, la France catholique revoyait les héritiers des illustres savants qui, au XVIIe et au XVIIIe siècle, avaient jeté un vif éclat sur l'Église de France.

Dès les premières années, l'Institut bénédictin voyait accourir à lui des érudits, tels que dom Piolin, Guéranger, Pitra, Chamard, Guépin, Lévêque et tant d'autres. Mais dans cette pléiade d'écrivains remarquables, deux hommes surtout ont mérité l'admiration du monde savant et religieux : le restaurateur de l'Ordre, dom Guéranger, avec ses beaux travaux liturgiques, et le cardinal dom Pitra, avec ses ouvrages d'érudition, dignes des plus beaux temps de la Congrégation de Saint-Maur.

La mémoire de dom Guéranger vivra toujours glorifiée par le magnifique bref adressé à ses frères de France par le pape Pie IX à l'occasion de sa mort; celle du cardinal Pitra n'était pas moins précieuse à la famille bénédictine et au monde catholique.

Dès son jeune âge et depuis, professeur au petit séminaire d'Autun, il distingua l'appel de Dieu dans cette inscription qu'il déchiffra sur un vieux tableau de saint Benoît, à la petite église de Cuisery : *Ducam eum in solitudinem, et loquar ad cor ejus* : « Je le conduirai dans la solitude, et je parlerai à son cœur. » Attiré de bonne heure à la vie monastique, dom Pitra ne connut presque pas le monde. Tout jeune prêtre, il renonça aux espérances que lui offrait le clergé séculier et vint se mettre sous la règle austère de saint Benoît.

L'un des premiers moines de Solesmes, il eut pour initiateur à la vie monastique dom Guéranger, dont il fut le disciple bien-aimé et le dévoué compagnon. Les frères du futur Cardinal trouvèrent en lui le plus aimable confrère en même temps que le parfait modèle du religieux. Mais, à son grand regret, dom Pitra vécut peu dans le cloître : cette solitude, après laquelle il avait tant soupiré, semblait fuir devant lui. Quêteur d'argent pour les besoins de l'Ordre naissant, quêteur de manuscrits par instinct de vocation, sa vie se passa presque entière à parcourir les grandes villes, leurs archives, leurs bibliothèques.

Au milieu de tant de distractions et de voyages, l'esprit religieux aurait pu s'affaiblir en lui. Mais non; au lieu de diminuer, il sembla prendre sans cesse de nouveaux accroissements. A la piété profonde, le docte bénédictin joignit une ardeur incroyable pour l'étude. Doué d'une santé robuste, il passait les jours et les nuits à déchiffrer les vieux manuscrits, latins, grecs, syriaques, et à composer de savantes dissertations sur les sujets les plus variés. La liste de ses œuvres, donnée par dom Cabrol, son historien, est vraiment prodigieuse. Il est dificile de comprendre qu'un homme seul ait suffi à tant de travaux. Les bibliothèques de France, de Belgique, de Hollande, d'Angleterre, d'Italie, d'Allemagne n'eurent plus de secrets pour l'érudit de Solesmes. On le vit même aller jusqu'en Russie, à Saint-Pétersbourg et à Moscou, pénétrant dans les antiques monastères grecs, si peu recherchés pour la science, et pourtant si riches en trésors archéologiques.

Au milieu de tant de travaux, trois points surtout attirèrent l'attention de dom Pitra : le symbolisme chrétien, le droit canon des Grecs et leur hymnographie.

D'abord le symbolisme, dom Pitra était doué d'une âme poétique. Par un accord bien rare chez les savants, il alliait une vaste science à la plus brillante imagination. Dès sa jeunesse cléricale, quelques fragments de la *Clef*, attribuée à Milton de Sardes, étaient tombés entre ses mains. Il les avait lus avec avidité, charmé par les belles images dues à l'esprit poétique des Orientaux des premiers siècles. Longtemps il chercha partout dans les bibliothèques l'œuvre complète du vieil évêque, et enfin, par un bonheur inespéré, il finit par la retrouver. L'évêque de Sardes se trouvait, dans son *Spécilège*, en compagnie des docteurs des premiers âges, tous imprégnés de cette pieuse poésie qui fait le caractère propre de la littérature chrétienne de l'Orient.

Du même genre, sont les recueils de l'hymnographie grecque. En cette matière, le savant bénédictin découvrit de véritables trésors. Son génie pénétrant et ses patientes recherches ont en quelque sorte ressuscité cette poésie toute spéciale, demeurée dans un complet oubli depuis neuf siècles, par suite du ravage des bibliothèques, et ignorées des Grecs eux-mêmes, tant schismatiques que catholiques. Pour cela, le laborieux bénédictin dut compulser d'innombrables manuscrits, où il a pu reconnaître le rythme et l'accent tonique qui ont inspiré cette poésie sacrée, toute différente de celle des auteurs classiques.

On peut dire que cette période ressemble à celle des hymnes de l'Église latine. Comme dans celle-ci, quoique moins fréquemment, on y rencontre des rimes. Parmi les vingt-deux livres liturgiques des Grecs, douze et non les moins importants sont écrits entièrement de la sorte.

A titre de démonstration scientifique de cette découverte,

dom Pitra a voulu publier, dans ses *Analecta sacra*, une collection de manuscrits qu'il a compulsés, comprenant des hymnes de saint Romain et d'autres mélodies inconnues ou inédites. Quelle joie vive et profonde pour le pieux enfant de saint Benoît quand, dans ces monastères de la Russie et d'Orient, il se trouva en face de ces mélodies qui ont enrichi la liturgie grecque de si délicieux cantiques sur tous les mystères de la religion ! Il nous raconte, en particulier, comment la perspicacité de l'érudit retrouva le secret d'un rythme, moins savant peut-être que celui d'Homère, mais bien plus adapté au goût populaire et aux besoins des populations chrétiennes.

Enfin dom Pitra s'attacha à une étude toute nouvelle pour lui et peu en harmonie avec ses goûts poétiques ; mais il y allait des intérêts de l'Église catholique, celle du droit canonique de l'Église grecque, question alors peu connue. Il le fit, au reste, à la demande expresse du Souverain Pontife.

De tous temps, les Papes ont porté vers l'Orient un regard plein de sollicitude.

Montrer aux Églises schismatiques qu'en restant séparées de l'Église romaine, c'est aller contre l'enseignement et toutes les traditions des premiers siècles chrétiens ; que leur schisme ne remonte pas au delà de Photius ; que, si elles veulent être en communion de foi avec les illustres docteurs des premiers siècles, elles doivent rentrer sous l'obéissance du Pasteur suprême, nul mieux que dom Pitra n'était préparé à de si importantes recherches.

Volontiers donc il avait accepté la mission que lui donna Pie IX.

Muni de ses lettres de recommandation, auxquelles il ajouta celle du gouvernement français, mais surtout protégé par sa réputation de savant, il pénétra de nouveau au cœur de la Russie. Bibliothèques publiques et privées, archives nationales s'ouvraient devant lui. Il en tira des trésors d'érudition. Ayant exploré ainsi les plus antiques monastères et après un séjour prolongé il rentra à Rome, chargé d'un riche butin, rapportant des documents précieux sur le droit canonique primitif des Grecs.

Ce droit canon, on le sait, a ses origines dans les Conciles orientaux; leurs décrets, joints aux statuts des anciens Pères, en sont les sources les plus riches. Plus tard, les lois des Empereurs chrétiens vinrent se mêler et fortifier les prescriptions des Conciles. Dom Pitra a suivi ces phases diverses du droit des Grecs, et il a été assez heureux pour démontrer jusqu'à l'évidence la soumission des patriarches orientaux à l'Église romaine et leur étroite union avec les successeurs de saint Pierre, jusqu'à l'époque néfaste où Photius, moitié par ruse, moitié par violence, s'empara du siège de Constantinople et consomma le schisme.

Un jour, de passage dans le nord, cette partie de la France que le savant bénédictin étudia *con amore*, en y découvrant la trace de nombreuses abbayes de son Ordre, dom Pitra trouve dans une bibliothèque publique les poésies manuscrites de Cornelius Musius, un des saints martyrs de Gorcum. Enthousiasmé par les écrits de cet auteur aussi élégant, mais plus pieux que son maître Erasme, il veut se procurer ses poésies; mais, comme le temps lui manque, le savant prie M. Jaspar, un élève de rhétorique de Cambrai, de les lui copier. Celui-ci demande en vain le manuscrit en question au bibliothécaire qui ne peut les rencontrer.

Ennuyé de perdre son temps en recherches inutiles, ce dernier demande enfin au jeune abbé de qui il tient la désignation donnée.

— De dom Pitra, répond-il.

— Ah! c'est dom Pitra qui vous a renseigné! En ce cas, ses indications doivent être exactes, car il connaît cette bibliothèque mieux que moi-même. J'en dirais autant, ajoute le bibliothécaire, s'il s'agissait de celle de Constantinople. Quand cet homme a exploré une collection de livres, il la sait sur le bout du doigt. Revoyons donc le manuscrit D. 5, 23.

En réalité, ce manuscrit, sous un titre unique, contenait plusieurs œuvres différentes, dont l'une était celle de Cornelius Musius.

« Sans doute, écrit le docteur Salembier, dom Pitra avait reçu de la nature des dons bien précieux : une mémoire tenace, une imagination puissante, une intelligence profonde et perspicace. Nul mieux que lui n'a compris le mot si judicieux de Pascal : *Il est nécessaire de savoir douter où il faut, assurer où il faut, se soumettre où il faut.*

» Règle assurée de critique, toujours suivie par le judicieux bénédictin. Mais combien ces facultés naturelles ont été fécondées par un travail continu pendant plus d'un demi-siècle.

» Avec plus de raison parfois que certains écrivains du Moyen Age, cet érudit eût mérité le nom de « dévoreur de livres, » *comestor librorum.* »

Combien plus durs, en effet, pour nos savants sont les temps actuels !

Au XVIIe siècle, les érudits ancêtres de dom Pitra allaient frapper à la porte des monastères, toujours assurés d'être accueillis avec empressement. On ouvrait pour eux tous les trésors des bibliothèques.

Les temps sont bien changés. Le même enthousiasme pour recevoir les chercheurs ne se retrouve guère.

Le zèle scientifique de dom Pitra ne se lasse néanmoins jamais. Partout il glane, il compulse, le jour et la nuit. En 1846, il écrit de Strasbourg :

« J'ai le manuscrit de saint Méliton depuis trois NUITS à ma disposition. »

Les années qui suivent sont employées à des recherches dans les archives d'Italie, partout où ont passé les missionnaires de la science, appelés Mabillon, Papebrock, Montfaucon. Puis à dater de 1858, il a projeté de pénétrer plus loin. Donc, en 1859, il traverse la Flandre, recueillant des richesses historiques à Bruges, à Cologne. Il arrive enfin à Moscou, pénétrant dans tous les sanctuaires de la science que renferme cette vieille cité russe, descendant jusque dans les caveaux des anciens patriarches, où il déterre jusqu'à cinq ou six cents manuscrits, et après plus de quatre mois de travail il peut écrire :

« Grâce à Dieu, j'ai tout vu, tout lu, tout copié, autant que faire se pouvait pendant plus de cent trente jours de travail opiniâtre, sans compter les nuits. »

A Moscou également il passa de nombreuses nuits à étudier les livres liturgiques des Églises grecque et russe, en collaboration avec le docteur Hésen. Ensemble, également, tous deux continuent à Prague ce travail de comparaison entre les deux littératures sacrées.

A ce sujet, le docteur Salembier ajoute :

« Il y aurait une curieuse comparaison à faire entre les origines pareilles du protestantisme et du schisme grec. Tous deux corrompent d'abord la foi, puis s'efforcent de mettre l'ancienne liturgie catholique en rapport avec leur nouvelle croyance. Ils raturent, remplacent, ajoutent d'une plume haineuse et sectaire ; ils font disparaître impitoyablement tout ce qui leur déplaît, tout ce qui ne rentre pas dans le cercle étroit et mutilé de leurs opinions schismatiques. Le Cardinal aimait à raconter qu'il avait souvent rencontré des livres liturgiques, corrigés à la plume, et remplis de soustractions et d'additions également hétérodoxes. Un travail semblable a été fait pour l'anglicanisme dans ces dernières années, et il a produit sur le clergé protestant d'outre-Manche une vive impression. Crammer a agi, comme Photius, avec les mêmes idées personnelles autant qu'ambitieuses, et le même mépris de la vérité et des croyances séculaires de ses ouailles (1). »

(1) Il serait peut-être facile, et certainement très intéressant, de faire les

C'est en Russie, on l'a vu, que l'érudit bénédictin fit ses plus belles découvertes ; mais aussi au prix de quelles fatigues, et parfois de quels dangers! Il étonne les Russes eux-mêmes « en bivouaquant, comme il le dit, de bibliothèque en bibliothèque, de traîneau en traîneau. » A son retour, il fait route avec une caravane de jeunes Moscovites. La neige arrête ses compagnons; mais lui se confie à la Providence et à deux paysans, monte sur un traîneau découvert avec quinze cent pages de précieuses notes, et continue son voyage par 20° de froid, à travers des steppes couvertes de neige à perte de vue. Arrivé à Varsovie, sa main gauche est foulée et à moitié gelée.

Lui seul saura ce que ses écrits ont coûté de fatigues, de peines et de rude labeur.

L'amour de la science est parfois aussi aventureux et aussi héroïque que la valeur militaire.

Le voici installé dans une bibliothèque de neuf heures du matin à six heures du soir; il n'a pour toute nourriture qu'un petit morceau de pain qu'il mange sans interrompre son travail.

Dans ses courses comme dans son monastère, il s'enveloppe la nuit dans une simple couverture, comme un soldat toujours prêt à la lutte, toujours disposé à marcher pour faire l'œuvre de Dieu.

Devenu cardinal, dom Pitra ne changea pas de costume; ses habitudes de travail austère et de prière prolongée ne furent en rien modifiées.

De si grands labeurs, tant de recherches et de monuments historiques entrepris pour la gloire de l'Église catholique et le bien des âmes méritaient une récompense : Pie IX la donna magnifique. Déjà, au mois de juin 1870, le savant bénédictin avait reçu des mains même de l'auguste Pontife la consécration épiscopale et le titre d'évêque de Frascati; le 16 mars

mêmes recherches pour le protestantisme allemand, hollandais et suisse. On arriverait à des résultats identiques.

1873, l'humble religieux de Solesmes était créé cardinal du titre de Saint-Thomas.

Tout le monde catholique, le monde savant surtout, applaudit au choix de Pie IX. Seul dom Pitra s'étonna de sa promotion. Ces nouveaux honneurs ne troublèrent en rien son genre de vie, et, sous la pourpre, le savant continua ses importants travaux. Tous les loisirs que lui laissaient ses obligations de cardinal furent consacrés à compléter et à publier les documents recueillis dans toute l'Europe avec tant de peines : son *Droits des gens*, son *Hymnographie*, plusieurs volumes d'*Analecta*, pour faire suite au *Spicilège* de Solesmes. Ouvrages d'autant plus remarquables que, non content d'une simple publication de documents, le Cardinal les faisait précéder de savantes préfaces qui, à elles seules, figureraient avec honneur dans la bibliothèque d'un érudit.

« Au Vatican, lorsqu'on entre dans la salle des travaux de la fameuse bibliothèque, à côté des portraits de Baronius et des autres cardinaux bibliothécaires, on aperçoit celui du cardinal Pitra, tel qu'il était vers l'âge de soixante ans. Le front est largement dessiné sur des cheveux abondants et encore noirs ; les yeux, ombragés d'épais sourcils, conservent tout leur éclat ; le vêtement noir et la calotte rouge font ressortir la pâleur du visage ; la bouche, énergique et forte, garde encore sa finesse ; les traits anguleux et d'une maigreur ascétique seraient presque durs sans un grand air de bienveillance et de distinction répandu sur toute cette physionomie pensive du savant.

» Il y a, dans l'expression de la figure, un mélange d'austérité, de fermeté, d'intelligence et d'ardeur continue : c'est une belle tête de moine, de méditatif et de chercheur (1). »

Tel est le portrait physique du cardinal Pitra. En parcourant les pages de son *Histoire* par dom Cabrol, on voit se

(1) *Histoire du card. Pitra*, par dom Cabrol.

dégager nettement le double aspect de cet homme : le savant d'abord, et le moine, demeuré moine jusque sous la pourpre.

Il a été d'abord l'homme d'une idée. Admirablement doué par Dieu, qui avait dépensé dans sa riche intelligence des dons qu'il ne départit à d'autres que dans une plus faible mesure, il put appliquer à la recherche de la vérité un ensemble de qualités qui a été la première condition de ses succès.

Un jugement pondéré, une judicieuse critique, un flair qui lui faisait trouver presque instinctivement les documents inédits, lui permirent de donner au public chrétien treize volumes remplis de textes arrachés aux ruines de l'histoire et au ravage des siècles passés.

La perle de ce trésor est la *Clavis-Melitonia*, ou Clef du symbolisme chrétien, rédigée au IIe siècle par l'évêque de Sardes. Pendant plusieurs mois, il avait cherché la fameuse Clef de saint Méliton. Il en trouve enfin une traduction latine à Oxford et la donne au public. C'est un recueil d'explications de tous les symboles scripturaires du plus haut intérêt. Ainsi nous apparaissait une littérature oubliée jusqu'ici. Chaque œuvre et chaque âge des premiers siècles nous apporte un écho de cette voix symbolique. A sa voix se lève surtout Romanus, le plus ancien et le plus grand de ces mélodes ressuscités.

En décrivant le labeur d'un hagiographe et la difficulté de son œuvre, dom Pitra semble avoir tracé son propre portrait.

« Il lui faut travailler, écrit-il, à la sueur de son front, remuer longtemps la terre où cette fleur d'une vie sainte a dû croître, remonter aux sources les plus pures, repasser par tous les chemins frayés avant lui, vivre avec son héros et le suivre pas à pas, enfin demander sa gloire posthume aux générations qui l'ont vu passer, aux cités qui l'ont adopté pour patron, aux basiliques qui se glorifient de sa châsse, de sa bannière et de son vocable. Pourquoi donc ne ferait-il pas pour les saints et les saintes de Dieu ce que tant d'autres font pour les illustres de Rome et de la Grèce, pour les inconnus de l'Égypte et de l'Orient.

» On a compté douze mille lettres d'un seul Bollandiste; on a vu les autres suppléer à ce voyage de la pensée en faisant deux ou trois fois le tour du monde lettré. Pèlerin des martyrs, historien des confesseurs, allez à l'enquête de vos saints, et quand vous aurez usé dans ces voies sacrées vos jours et vos nuits, pâli sur les passionnaires, usé de vos lèvres jusqu'aux marches de leurs autels, revenez et n'oubliez pas que votre œuvre n'a pas encore commencé.

» Il va sans dire que s'il y a un document ancien à lire, un diplôme à déchiffrer, une page étrangère à traduire, vous ne broncherez pas; que s'il faut trancher un problème de chronologie, de généalogie, d'archéologie, vous aurez la main ferme et sûre; que s'il se rencontre une thèse ardue de la science des saints, de théologie dogmatique, canonique ou mystique, et il n'y a pas de vie sainte qui n'en présente, vous êtes prêt à faire face. »

Écoutons encore le savant Cardinal nous décrire sa joie, quand, au fond de la Hollande, il découvre les archives secrètes des jansénistes d'Utrecht, enfouies dans la petite église de Sainte-Gertrude, berceau et tombeau d'une hérésie et d'un schisme.

Là en effet, se trouvent la correspondance de tous les chefs jansénistes, ainsi que les manuscrits originaux des innombrables pamphlets partis de la Hollande.

Là, pourrissent d'innombrables liasses, volumes et portefeuilles renfermant ces papiers. Dom Pitra estime à cent volumes in-folio et à cinquante mille pièces l'ensemble de cette riche et curieuse collection. Mais cette montagne de documents ne semble pas l'épouvanter :

« J'en ai commencé le dépouillement en détail, écrit-il, je

le pousserai aussi loin que j'en aurai le temps, la force et la liberté. »

Mais, outre cela, dom Pitra avait une imagination tellement tournée vers les beautés de la poésie, que si l'on prend ses belles pages de l'introduction à la *Vie de saint Léger*, par exemple, on serait porté à dire que ce sont des vers mis en prose. A la solidité des idées il joignait le culte de la forme. Son latin était du plus pur classique; le grec, même poétique, n'avait point pour lui de secrets, et il maniait la langue française avec une aisance, une délicatesse d'impressions, une fraîcheur de sentiments qui donnent un cachet particulier à tout ce qui est sorti de sa plume.

Chez les Latins comme chez les Grecs, le hardi explorateur fit des découvertes merveilleuses. Il a écrit des lettres sur l'autorité des *Épîtres* de saint Ignace et sur les Pères de l'Église latine.

Il édite, en même temps, dans la *Patrologie* de Migne, Tertullien, Minutius Félix et saint Cyprien, annote des collections, publie le testament de saint Léger en même temps que sa vie. La littérature de l'ancienne Afrique, par ses soins, s'enrichit de ses découvertes, œuvres inédites de plusieurs évêques d'Afrique et de Mauritanie.

Le savant Cardinal s'occupe aussi de sainte Hildegarde, qu'il nomme l'*ange de la prophétie*, et imprime plusieurs de ses œuvres inédites.

Ses études de plus de trente années sur les *Lettres des Papes*, ses voyages en Belgique et dans les Pays-Bas, d'où il rapporte de nouveaux écrits, en particulier son charmant volume sur la Hollande catholique.

Une page de ce dernier volume contenant une description de la Hollande serait digne des meilleurs maîtres :

« Je traversai toute la nuit un pays presque désert : de vastes nappes de prairies, des clairières silencieuses dont la lune accidentait à peine les ombres monotones. Que faire? sinon de penser aux morts. Je me pris donc à chercher dans le lointain ténébreux et flottant de ces steppes, parmi les ombres rares et douteuses des grands arbres, la pointe des vieux clochers, les tours abbatiales, les hauts manoirs de la Frise féodale.

» Vorper, l'historien des Pays-Bas, m'avait assuré la veille qu'alors il y avait peu de cités, mais partout des villages, entremêlés sans interruption de monastères et de châteaux.

» Et pourtant, je ne traversai que des solitudes. Pour les repeupler, j'évoquai tous mes souvenirs; je fis descendre, à la clarté des étoiles, une terre ancienne et des dieux trépassés, une Jérusalem d'autrefois. Il ne fallut pas un grand effort d'imagination....

» Avant le milieu du jour, j'étais déjà loin, cheminant sous les grands ombrages, entre des cours d'eau et des prairies verdoyantes à perte de vue. Cette verdeur du mois de mai, la renaissance de cette belle nature me semblait une visible image de la foi catholique, qui reprend possession de la Hollande. »

Avions-nous raison d'affirmer qu'en dom Pitra il n'y a pas seulement un savant, mais un écrivain de marque, et ce dessin à la plume ne rappelle-t-il pas les paysages si poétiques de ces célèbres artistes des Pays-Bas dont l'écrivain vient d'admirer les œuvres à Amsterdam ou à La Haye? N'est-ce pas comme un souvenir des toiles célèbres de Ruysdaël?

Comme savant et comme littérateur, tel est le portrait de dom Pitra. Il se peint exactement dans ses œuvres.

Si nous n'étions nécessairement borné dans ces pages, il nous resterait à tracer son rôle dans le Sacré Collège; son zèle et sa science dans la charge de bibliothécaire de l'Église romaine, où l'avait appelé la confiance de Pie IX; sa promotion aux évêchés de Frascati et de Porto; sa part considérable aux affaires du Concile du Vatican et dans l'élection de Léon XIII. On trouvera tous ces détails dans la *Vie* du Cardinal que nous indiquons en note. Cependant, pour être véridique, ajoutons un détail qui est encore en faveur du pieux bénédictin. Il arriva une fois qu'un grave dissentiment vint à éclater entre Léon XIII et le cardinal Pitra.

Toujours préoccupé des luttes ardentes soutenues par les défenseurs de la papauté contre les erreurs gallicanes et libérales, ce prélat avait laissé s'épancher son cœur dans une lettre à un journaliste de Hollande, et rappelait d'anciennes querelles sur lesquelles le Saint-Père voulait jeter le voile de l'oubli. Cette lettre intime fut malheureusement livrée à la publicité, et le Souverain Pontife jugea prudent d'infliger un blâme à cet écrit.

On sait avec quelle humble et parfaite soumission le pieux Cardinal accepta l'épreuve la plus grande de sa vie et n'en continua pas moins à se dévouer aux intérêts et à la gloire du Saint Siège. Aussi bien, Léon XIII avait-il complètement oublié ces torts de son fidèle serviteur quand la mort vint terminer sa carrière. Les éloges qu'il en a faits l'ont bien prouvé.

Le travail publié par dom Cabrol est rempli de documents inédits du Cardinal, autobiographies, lettres intimes, mémoires, sermons, conférences, et dans tous on reconnaît cette touche magistrale qu'il est plus aisé d'admirer que d'imiter. Mais, de l'ensemble de cette vie si laborieuse, embaumée à la fois des parfums de la piété et de l'étude, il y a un autre élément qu'il ne faut pas oublier : la continuité du travail dont a fait preuve dom Pitra à toutes les époques de sa longue existence. Dans la table alphabétique des matières, on ne trouve pas moins de huit renvois indiquant divers règlements de travail, et à chacun d'eux, on peut constater que le Cardinal avait réalisé plus que les *trois huit* dont parle Suarez, et qui sont loin d'être ceux des socialistes modernes. Huit heures à Dieu, huit heures au travail, huit heures à soi-même. Pendant vingt ans, rapporte son historien, dom Pitra s'est couché constamment après minuit, pour se lever entre trois et quatre heures du matin, et le temps qui n'était pas consacré aux longs offices du chœur, aux multiples exigences de la vie monastique, aux devoirs que lui imposait la charité, était donné au travail.

On comprend qu'avec une vie si occupée, grâce à une méthode de travail qui ne laissait rien à l'imprévu, le Cardinal ait pu amasser des trésors d'érudition, dont une faible partie seulement a été donnée jusqu'ici au public.

Ses lettres donnent une haute opinion de sa sainteté, comme ses publications une grande idée de son savoir. Dans toutes les circonstances de sa vie, dom Pitra a toujours été et avant tout un homme d'obéissance.

L'obéissance est un sacrifice, et les auteurs spirituels s'accordent à dire qu'il n'en est pas un qui coûte plus à la nature humaine que celui-là. Et cette vertu eut chez lui un caractère particulier : elle fut consacrée tout entière à travailler, à souffrir pour l'Église, pour Dieu, pour la vraie foi et les âmes.

« Puisque le mot d'ordre de la science est de tuer la foi dans les âmes, écrivait-il en 1885 au Directeur du *Cosmos*, et de chasser Dieu du ciel, c'est à nous de reprendre ce mot d'ordre. Il faut que le clergé, qui, par la théologie, a la clef de toutes les sciences, n'en néglige aucune, et il importe ensuite que nous ayons, nous aussi, nos spécialistes qui, comprenant les savants, nous les fassent connaître, et au besoin soient en mesure de leur tenir tête et de les contrôler.

Tel fut le programme réalisé par dom Pitra, principalement par la force de l'obéissance. Toutefois une souffrance particulière vint s'ajouter aux fatigues de l'étude : il a travaillé et souffert *seul*. Cet isolement dans le vaste champ des sciences qu'il avait à parcourir a été le tourment de son existence, le creuset qui a purifié son âme, et quand l'épuration a été complète, Dieu a rappelé à lui son serviteur au jour de sainte

Scholastique, sa patronne, au quarante-sixième anniversaire de sa profession religieuse, à l'âge de soixante-dix-sept ans.

Le cardinal Pitra demeurera l'un des plus marquants personnages ecclésiastiques de ce siècle, un flambeau de la science sacrée, le type du moine bénédictin, un grand et saint Cardinal qui a rendu à l'Église d'immenses services par sa vaste érudition.

RIBOURT (Amédé-Louis)

AMIRAL

(1821 — 1893)

« Je préférerais, à l'éclat de tant de victoires, au tribunal de Dieu qui juge les guerriers, le mérite d'un verre d'eau donné aux pauvres. »

Bien rares sont les hommes publics qui, toujours égaux à eux-mêmes et fidèles au devoir, ne laissent dans leur vie aucune page regrettable, et n'ont du berceau à la tombe rien à effacer. De ce petit nombre fut l'amiral Ribourt; et tel il parut au moment de mourir, tel on le vit dans son âge mûr, comme dans sa jeunesse, actif, laborieux, honnête et religieux.

Dans une carrière où le travail et la bravoure sont des qualités ordinaires, il porta l'une et l'autre à un degré si élevé qu'il trouva le moyen d'étonner et de parvenir à une hauteur que ses contemporains n'ont pas surpassée et que beaucoup ne pourront égaler.

Amédé-Louis Ribourt, né à Châteauroux (Indre), le 8 octobre 1821, entrait à l'École navale à seize ans et en sortait aspirant au mois de septembre 1839, deux ans plus tard. En 1850, le jeune officier est nommé lieutenant de vaisseau. Depuis cette époque, il ne cesse de labourer les mers, portant glorieusement le drapeau de la France pendant quarante-huit années. On le voit partout, et ses campagnes se succèdent si rapides qu'on peut dire en quelque sorte, qu'on le voit partout à la fois.

En 1854, après l'attaque de Bomarsund en Crimée, une première décoration vient récompenser sa valeur. A Sébastopol il commande une batterie sur l'un des points les plus exposés. Un peu plus tard on le trouve à Tourane, puis en Chine. En 1861, il est sur le *Lavoisier*, à la Nouvelle-Orléans et à New-York ; plus tard au Mexique, puis chargé d'une mission qui dura quelques mois. Au moment de la guerre contre l'Allemagne en 1870, Amédé Ribourt commande la *Jeanne-d'Arc*, destinée à opérer dans la mer du Nord. Forcé par les mauvais temps d'hiver, il revient en octobre à Cherbourg, où il dut organiser la défense des lignes de Carentan. Chargé aussitôt après des batteries de marine à Orléans, il établit la défense de cette ville avec cent vingt pièces d'artillerie, expédiées des ports militaires et pourvues de tout le matériel et du personnel.

Le capitaine de vaisseau exerça le commandement de cette puissante artillerie avec autant d'énergie que de sang-froid, et n'abandonna la ville, devant des forces supérieures, que sur un ordre formel, après avoir noyé ses poudres, encloué ses canons, enterré les boulets, incendié les canots, et suivi à peine à quelques centaines de mètres par la tête des colonnes allemandes à sa poursuite (1).

Puis viennent d'autres épreuves plus pénibles encore : la guerre contre la Commune, où lui furent confiées les batteries de la marine établies à Montretout, à Breteuil et au Mont-Valérien.

— Mes canonniers y firent des prodiges, disait-il.

En treize jours, en effet, il avait lancé sur les fortifications de la Commune quatorze mille huit cent quatre-vingt-dix-sept obus. Entré dans Paris, le vaillant marin dirigea la flotille de

(1) Au siège de Paris, son frère, le général Ribourt, commandait le fort de Vincennes.

la Seine, composée de plusieurs canonnières, avec le commandant Rieunier (1), qui fut blessé par les fédérés. Vingt-huit marins de l'équipage des canonnières furent tués par les balles des communards.

Le 4 juin suivant, Amédé Ribourt est promu contre-amiral, et, en cette qualité, exerce à Rochefort les fonctions de major général jusqu'en 1873. A cette date, il est envoyé en Nouvelle-Calédonie en qualité de commissaire plénipotentiaire du gouvernement, pour y faire une enquête sur l'évasion de Rochefort et ses codétenus.

Délicate et pénible fut sa mission. Il dut prononcer un grand nombre de révocations, de suspensions et même d'expulsions, malgré l'opposition du gouverneur de la colonie. Celui-ci était un capitaine de vaisseau, jadis l'ancien de M. Ribourt à l'École navale. A la suite de son enquête, l'Amiral se vit dans la cruelle nécessité de suspendre de ses fonctions son ancien camarade. Ce dernier refusa d'obtempérer : il eut même l'audace d'ajouter que *le soi-disant commissaire n'avait pas ses pouvoirs en règle*. M. Ribourt, outragé dans ses fonctions, se rendit à Sidney, télégraphia au maréchal de Mac-Mahon, Président de la République, ce qui venait de se passer, réclama et obtint la destitution immédiate du gouverneur révolté.

A peine rentré de Calédonie, il arbore son pavillon sur la frégate la *Vénus*, en qualité de commandant en chef de la division navale de l'Atlantique sud, et ne rentre à Toulon qu'après vingt-huit mois d'absence.

Sur la côte d'Afrique, il venait de conclure, à la suite d'un débarquement de ses troupes et d'un combat important, un traité de paix avec l'un des chefs les plus puissants du Congo, qui avait pillé des factoreries françaises. De retour en France en 1877, l'amiral Ribourt prit place au Conseil d'amirauté, devint vice-amiral, exerça les fonctions de préfet maritime à

(1) Depuis amiral et ministre de la marine.

Cherbourg en 1879, et passa dans le cadre de réserve en 1886: il était alors grand'croix de la Légion-d'honneur.

Ce qu'une telle carrière suppose de travail, d'activité, de bravoure, de volonté opiniâtre, ceux-là le savent qui connaissent la vie d'un officier de marine.

Telles sont les dates importantes de cette laborieuse carrière.

Pour apprécier l'homme dans l'amiral Ribourt, il faudrait le voir à l'œuvre dans ses différentes étapes, dans ses relations de service avec ses inférieurs, ses égaux et ses supérieurs.

« Pour dire ce que fut cet homme, écrit Mgr Oury, ancien aumônier de la flotte, on éprouve un certain embarras. Et pourtant, il faut bien l'avouer, il était parfait, si la droiture de l'âme, l'honnêteté du caractère et la bonté du cœur rendent un homme parfait.

» J'ai dit la droiture de l'âme. Nul, en effet, n'avait une âme plus vraie. Il avait horreur des amoindrissements et des déguisements de la vérité. A tous, petits et grands, à lui-même surtout il disait la vérité, toute la vérité. Sous ce rapport, personne ne fut moins habile ou moins diplomate que lui. Il lançait la vérité comme les canons de ses batteries lançaient la mitraille. Comme la machine sur nos voies ferrées, il allait droit devant lui, et, si cette franchise lui a créé des ennemis, elle lui a valu également ses plus chauds admirateurs et ses meilleures amitiés.

» Mais s'il *parlait franc*, il agissait bien. On rapporte qu'un des admirateurs de son grand talent disait un jour à Berryer :

» — Vous n'auriez qu'à vous baisser pour ramasser des poignées d'or.

» — Oui, répondit le grand avocat, mais il faudrait me baisser, et je ne le veux pas.

La même parole aurait certainement obtenu de notre amiral la même réponse. Il ne s'abaissa point, en effet, ni devant les puissants pour obtenir les faveurs, ni devant ses adversaires pour les désarmer, et, dans un siècle où les caractères ont tant fléchi, ce n'est pas un petit mérite à cet homme de s'être

VICE-AMIRAL RIBOURT.

gardé pur comme l'hermine, pur de ces compromissions, pur de ces complaisances coupables, pur de tous ces accommodements qui peuvent conduire aux sommets de la faveur populaire ou de la fortune, mais toujours aux dépens de la dignité personnelle et de l'honneur.

» Étonnez-vous après cela qu'il fut bon, tendrement, idéalement bon.

» Cent fois, en pensant à lui, ajoute le prélat, nous nous rappelions cette parole de l'Écriture, que *celui qui a trouvé un ami fidèle, a trouvé un trésor*. De fait, son dévouement n'avait pas de prix, parce que son affection n'avait pas de bornes. On en vit la preuve évidente durant les sept années que la retraite lui donna des loisirs. Comment il les employait à écrire, à visiter le Ministère de la rue Royale, à intervenir auprès des grandes administrations ! Vous tous qui l'avez connu, vous le savez, et, dans maintes circonstances, vous en avez été profondément touchés.

» Mais, c'est surtout en faveur des petits et des humbles qu'il prenait de la peine, en faveur de ses chers matelots qu'il se dépensait pour appeler sur eux la justice, la bienveillance ou l'attention de leurs chefs. Et quand on lui disait qu'il en faisait trop :

» — Non, répondait-il, car c'est à eux que nous devons nos étoiles.

» Ces qualités faisaient de l'amiral Ribourt un homme à part. Il était *lui*, et à ceux qui connaissaient l'intime de cette riche nature, il produisait l'effet de ces armures des siècles passés qu'on ne rencontre plus que dans les musées. C'était un homme du Moyen-Age égaré dans le XIXe siècle, une figure détachée d'un vieux cadre de famille et vivant dans un temps qui n'était plus le sien. »

Toutefois, il manquait ce je ne sais quoi d'achevé que la douleur ajoute à la vertu, et Dieu, qui le voulait complet, lui fit la grâce et l'honneur de ne pas lui ménager l'épreuve.

L'Amiral était au moment où déjà il entrevoyait la fin de sa vie active, lorsque, en 1880, il reçut du Ciel un rayon de soleil dont l'éclat, hélas ! devait être de courte durée. Par un mariage entouré de toutes les garanties et contracté sous les auspices des plus riches espérances, il unissait sa nièce, qu'il chérissait à l'égal d'une fille, à Berthe de Villers.

A cette heure, le noble marin, qui n'avait jamais eu le temps de se créer un foyer, entrevit les joies de la famille. Il pensait vieillir à côté de sa nièce, qu'un jour viendrait où celle-ci serait entourée de petits enfants qui le couvriraient de leurs caresses, et dont il dirigerait les premiers pas sur le pont des vaisseaux français.

Quel doux avenir! quels horizons enchanteurs! mais, hélas! quelle déception! quels rêves et quel réveil!

Trente mois après, Berthe de Villers était tué au Tonkin, et la pauvre mère n'avait plus devant elle qu'un cercueil, et derrière elle un fils trop faible pour porter la gloire de son nom (1).

Cette épreuve ne fut pas la seule qui vint frapper l'Amiral. Peu de temps après, son frère, le général Ribourt, perdait l'usage de ses membres. Sept ans depuis lors se sont écoulés, pendant lesquels l'Amiral, se constituant prisonnier volontaire, ne cessa de remplir près de ce frère, qu'il aimait comme un enfant, les fonctions de Sœur de Charité, ne reculant devant aucun sacrifice, s'attachant à lui comme son ombre, et de lui-même faisant abnégation complète pour adoucir les souffrances d'une vie que volontiers il eût rachetée au prix de la sienne.

Où donc cet homme trouvait-il la force de souffrir et de se dévouer? — Où nous savons tous qu'elle se trouve : dans la religion, car il était chrétien, non pas seulement de sentiment, mais de paroles et d'action, sans ostentation, mais sans déguisement et sans faiblesse. Avec la simplicité d'un enfant, il se confessait et communiait. Il était de ceux qui pensent que croire

(1) De Villers, commandant d'infanterie de marine, blessé au Tonkin, est mort à Hanoï, le 10 mai 1883. Il fut digne de sa famille et de ses armes : *in cruce spes et robur*, dont la croix est l'espérance et la force. La croix est, en effet, la force, et ce qui reste de vaillant en France ne s'en sépare point.

— Dites à ma femme, s'est-il écrié à sa dernière heure, que je meurs en soldat et en chrétien. (V. sa biog. au vol. III de la première série de nos *Chrétiens et hommes célèbres au XIXe siècle*, Téqui, Paris.)

et ne point pratiquer est indigne d'un grand caractère, et il agissait en conséquence.

Avec la même simplicité il se rendait le dimanche à l'église de sa paroisse, Saint-Philippe du Roule, son livre de prières à la main, lentement, la tête inclinée légèrement, et ceux qui le voyaient remonter ainsi le faubourg Saint-Honoré s'inclinaient devant lui et saluaient en sa personne une gloire de la patrie et de la religion.

Cette foi, au reste, datait de loin, et souvent, dans sa carrière de marin, il avait eu l'occasion de la montrer. Faire le bien, non pas le bien mitigé et simplement honnête, mais le bien en vue de Dieu et par esprit chrétien, tel était le but de sa conduite.

Dans les paroles éloquentes prononcées sur son cercueil par Mgr Oury, évêque de Dijon, ancien aumônier de la marine, il y a une circonstance de sa vie, dit l'amiral Gicquel des Touches, qui n'a pas été racontée, sans doute à cause du rôle important que ce prélat y a joué lui-même. Je crois devoir la rapporter d'après le récit qui m'en avait été fait par l'amiral Ribourt.

« Le Brésil est, depuis longtemps, la proie de la franc-maçonnerie. Toutes les églises, et tous les objets essentiels au culte, sont aux mains d'associations, où cette secte règne en maîtresse. Ses adeptes entraient dans nos temples et assistaient à toutes les cérémonies catholiques, ornés des insignes maçonniques.

» Pie IX connaissait cette situation. Il fit choix, pour le siège de Pernambouc et Olinda alors vacant, d'un simple Père des Frères minimes, et l'envoya au Brésil, muni de ses instructions, dans le but de faire cesser un état de choses aussi répréhensible.

» Malgré la prudence du nouvel évêque, Mgr Vitalis Maria de Oliveira, la guerre ostensible fut bientôt déclarée. L'évêque fut condamné à mort par les tribunaux du Brésil, et cette peine commuée en prison perpétuelle par l'empereur dom Pedro.

» L'amiral Ribourt commandait alors la division navale de l'Atlantique, Mgr Vitalis était emprisonné dans une de ces îles, qui sont éparpillées au fond de la baie de Rio de Janeiro. L'un des aides de camp de l'Amiral accompagna dans l'île Mgr Oury, et sous prétexte d'y chasser, il y revint à diverses reprises; il parvint à se mettre en rapport avec l'évêque d'Olinda et à recevoir de lui un mémoire que l'Amiral put faire parvenir au Saint Siège et qui apprit, il y a plus de dix-huit ans, à l'Europe étonnée, les traitements cruels auxquels étaient soumis l'évêque de Pernambouc et celui de Paro.

» Maintenir leur détention fut alors impossible. Mgr Vitalis revint alors prendre possession, à Versailles, de sa cellule de capucin. Il y mourut, dit-on, des suites d'un de ces poisons qui agissent à la longue et dont les germes avaient été contractés en prison. Son corps repose dans le cimetière de Notre-Dame de Versailles, non loin de cet hôtel des Réservoirs, où l'empereur Pedro, renversé de son trône, est souvent revenu se reposer après sa chute. »

Au temps actuel, les sentiments chétiens de l'amiral Ribourt devaient lui attirer plus que de l'indifférence. Nous ne nous appesantirons pas sur les véritables outrages faits à sa personnalité de préfet maritime de Cherbourg.

La marine ne les a pas oubliés; mais fidèle à la France, elle n'a cessé de s'en venger par son dévouement au pays.

Grâce à l'amiral Ribourt, le colonel Trèves et grand nombre d'ouvriers chrétiens envoyèrent, pour la basilique de Montmartre, des offrandes pures, prélevées sur leur solde et leurs salaires. N'est-ce pas le triomphe de la foi et de l'honnêteté sur le vice hypocrite.

L'un de ces souscripteurs principaux fut le colonel Trèves. Pour accroître sa retraite et le bien-être de sa famille, il avait accepté d'être, à Panama, le chef de cette troupe d'ouvriers cosmopolites, recrutés sur tous les points du globe. Il y demeura tant que le lui permirent ses forces épuisées par le climat, et ne revint à Cherbourg que pour y mourir en chrétien, comme il avait vécu.

Rappelé de Cherbourg où il a laissé tant d'excellents souvenirs, l'amiral Ribourt eut, avec quelques femmes chrétiennes, la première pensée de consacrer à la marine l'une des chapelles du Vœu national à Montmartre. Ce qu'il dépensa de peines, d'énergie et de persévérance dans la poursuite de cette idée, ses amis en ont été témoins. On lui en doit la réussite; mais l'ornementation de cette chapelle, la place glorieuse qu'il y voulait voir réserver à l'épée de notre Courbet, obtenue de la sœur de notre héros, ont été jusqu'à sa mort l'objet de ses constantes préoccupations.

L'appui, que l'amiral a donné pour l'achèvement de la basilique de Montmartre, ne s'est arrêté qu'avec lui. Devenu déjà l'ombre de lui-même, il ne s'épargnait en rien ; courses et fatigues ne lui coûtaient pas, malgré les heures qu'il passait près de son frère malade.

Dans le Comité catholique des militaires et des marins, on le vit apporter la même assiduité avec la générosité de ses offrandes ignorées. Ce qui concernait l'intérêt des âmes, la conservation de la moralité dans la marine et l'armée le touchait par-dessus tout. Mais sa bourse était constamment ouverte, et il ne ménageait non plus aucune démarche pour l'intérêt matériel d'une arme à laquelle il avait voué toute sa vie. Quand fut agitée la question d'y bouleverser la discipline par des mesures nouvelles, il demandait à tous ses camarades, officiers généraux de la marine, des mémoires sur ce sujet. Il les faisait imprimer à ses frais, les répandait à profusion dans les ports, et obtenait enfin de faire respecter les bases de notre organisation maritime. Ainsi en était-il pour ces sociétés nouvelles qui se créent en rivales de nos anciennes institutions catholiques. Il faisait dévoiler leur but par les journaux religieux, rassemblait contre elles les preuves les plus puissantes et inspirait les écrivains qui les combattaient.

La *Propagation de la foi*, à Paris, fut heureuse de le compter au nombre des membres de son Comité, où sa place était toute marquée. Dans ses différentes expéditions sur la surface du globe, combien de fois n'avait-il pas apprécié et proclamé les services rendus à l'Église et à la patrie par les vaillants missionnaires ! Aussi fut-il accueilli au Conseil de l'œuvre avec empressement et vénération en 1886. Il y consacra les connaissances acquises par une longue expérience et toutes les qualités d'un noble cœur, considérant comme un honneur suprême de pouvoir rendre service à une cause et à des hommes qu'il avait appris à estimer et à aimer.

Tout ce qui était honnête et religieux le trouvait dévoué, et ce qui ne l'était pas le trouvait comme adversaire, ainsi que le disait de lui, à Orléans, Mgr Oury :

— La vérité sortait de sa bouche droite comme un boulet de canon.

Par son testament, l'amiral institua la *Société centrale de sauvetage des naufragés* nu-propriétaire de tous ses biens. Ayant vu là de grandes misères, il n'avait pas hésité à ce sacrifice, car il semblait avoir pris pour devise ces dernières paroles du maréchal de Luxembourg.

— Je préférerais, à l'éclat de tant de victoires, au tribunal de Dieu, qui juge les guerriers, le mérite d'un verre d'eau donné aux pauvres pour l'amour de lui.

L'amiral est mort laissant à la marine un grand souvenir, un précieux héritage de gloire et de nobles traditions, à sa famille la consolation d'une vie sans tache et d'un nom pur, à tous un noble exemple et d'utiles leçons.

Ses restes mortels, selon son désir, reposent à Orléans, où vit encore une partie de sa famille.

THOUMAS

GÉNÉRAL DE DIVISION, ÉCRIVAIN MILITAIRE

(1820 — 1893)

« Je me souviens, ô Christ, de la nuit douloureuse ;
Non, tu n'es pas un homme, et bien le Fils de Dieu. »
(Général THOUMAS).

Le général Thoumas laissera dans l'armée et dans les lettres un nom glorieux. Le pays le regrettera, car il est un de ceux qui ont le plus fait pour entretenir le culte de nos gloires militaires.

Charles-Antoine Thoumas, qui devait se faire une si brillante place parmi les soldats écrivains, n'a cependant débuté dans les lettres qu'après avoir quitté le service actif, et déjà atteint par les infirmités qui devaient l'emporter. Mais, pendant seulement ces sept années, il a accompli un labeur énorme ; rarement historien militaire a fait preuve d'une telle fécondité et d'une aussi vaste érudition.

Il était né à Laurière, chef-lieu de canton de la Haute-Vienne, le 19 juillet 1820. Fils d'un officier des armées de l'Empire, il se destina de bonne heure à la carrière militaire. L'écrivain aimait, depuis, à raconter comment il fit, à pied, les longues étapes qui le séparaient de la ville, où il devait subir ses examens pour l'admission à l'École polytechnique. Reçu en 1839, il en sortait deux ans plus tard pour aller suivre, comme sous-lieutenant d'artillerie, les cours de l'École d'application de Metz. Lieutenant en 1843, il fut promu capitaine au mois de décembre 1849.

La batterie fut désignée pour prendre part à la guerre de Crimée, où le capitaine Thoumas montra une telle intrépidité qu'il eut la gloire d'être cité à l'ordre du jour de l'armée

Général Thoumas

française. L'année 1860 le vit chef d'escadron, et le 10 août 1868 il était promu lieutenant-colonel.

C'est dans ce grade que le trouva la déclaration de guerre de 1870.

Lors de l'envoi à Tours de la délégation du gouvernement de la Défense nationale, la direction supérieure de l'artillerie et du génie dépendait de la dernière de ces armes ; mais une sous-direction existait pour l'artillerie, ayant à sa tête le lieutenant-colonel Thoumas, qui fut nommé colonel le 7 octobre. On sépara alors les deux directions : celle de l'artillerie dont le rôle devenait considérable, fut maintenue entre les mains du colonel.

Ceux qui ont vécu cette terrible année se souviennent que tout était à créer en province pour la Défense nationale. Pour l'artillerie, en particulier, il n'y avait ni canons ni attelages, ni harnachements. Thoumas sut faire face à tout et se montrer véritablement organisateur.

Dans son ouvrage sur la *Guerre en province,* M. Freycinet fait connaître ainsi le rôle de son collaborateur :

« Cette mesure d'ordre eut les plus salutaires effets sur la direction de l'artillerie. Le nouveau titulaire déploya une activité jusque-là contenue, et obtint des résultats qu'on n'aurait pas osé espérer. Il parvint à doter tous les corps d'armée et livra quatorze cents pièces de tout calibre. Cette énorme production représente deux batteries par jour, tout équipées et pourvues de leur personnel.

» La direction de l'artillerie eut cependant des difficultés à vaincre. Une des plus grandes fut celle des harnais. Il fallut aller en chercher jusqu'en Amérique, et il y eut un moment où nos batteries ne pouvaient pas partir, parce que le navire qui apportait les harnachements était retenu devant le port par le gros temps. »

Le colonel Thoumas organisa de toutes pièces tous les services accessoires : comité d'artillerie, inspection des arsenaux et des manufactures, etc. Aidé par deux officiers non moins actifs que lui, le colonel de Reffye et le général Demolon, il créa des arsenaux et organisa la fabrication dans des établissements civils : Voruz à Nantes, Petin et Gaudet à Saint-Chamond, Schneider au Creusot. La part de Thoumas dans l'organisation des armées de la Défense nationale fut donc capitale. Gambetta le reconnut en le nommant, dès le 7 décembre, général de brigade. La commission de revision des grades le remit colonel, et il n'obtint de nouveau les deux étoiles que le 7 octobre 1874.

Nommé inspecteur des poudres et salpêtres, puis commandant de la brigade d'artillerie de Versailles, chargé de nombreuses missions spéciales, il resta moins de quatre années dans le grade de brigadier. Le 9 juillet 1878, il fut promu général de division ; dans ce poste, il continua à prendre part aux travaux des commissions techniques.

Ces services allaient être appréciés et récompensés par la nomination au grade de grand-officier de la Légion d'honneur.

Depuis plusieurs années, le général Thoumas réunissait les matériaux d'ouvrages militaires ; mais, jusque-là, sa vie active ne lui laissait aucun loisir pour les coordonner, et le public ne le connaissait pas comme écrivain, lorsqu'il se vit obligé, par une cruelle maladie, de demander sa mise à la retraite en juillet 1885. C'était le moment du repos, le courageux soldat n'en voulut point profiter.

— Nous sommes en ce monde pour travailler sans cesse, disait-il.

Et on le vit se consacrer entièrement à l'étude.

En 1887, lorsqu'on commençait à discuter, dans les Commissions techniques et à la Chambre, le projet de réorganisation de l'armée, qui devait aboutir à la loi de 1889, le général Thoumas écrivit, dans le *Temps*, une série d'articles très remarqués, et qui eurent une grande influence sur les décisions du Parlement.

Mais déjà, dès l'année 1886, le général avait publié un ouvrage important : *Les Capitulations*, étude d'histoire sur la responsabilité du commandement. Ce livre, auquel les événements de 1870 donnaient un si poignant intérêt, fut couronné par l'Académie française.

En 1887, l'écrivain commençait, dans le *Temps*, bien que ce journal fût opposé à ses sentiments religieux (comme on le verra tout à l'heure), une chronique hebdomadaire sous le nom de *Vie militaire*, qu'il devait poursuivre pendant six années. Cette année même, il publiait deux ouvrages de haute valeur : *Les Transformations de l'armée française*, deux volumes qui sont devenus classiques et qui resteront comme un monument précieux, et *Le Général Curély*, itinéraire d'un cavalier léger de la Grande Armée.

Le succès du *Général Curély* ouvrit au général Thoumas une voie nouvelle.

Les papiers de famille des généraux du premier Empire, jusque-là enfouis dans des cartons, lui furent envoyés par les détenteurs. Heureux de ces trésors, il put ainsi entreprendre une série d'histoires de soldats, parfois oubliés, mais qui avaient eu, cependant, une part éclatante dans l'épopée impériale.

En 1888, il publiait un grand ouvrage : *Autour du drapeau ou l'Armée française depuis cent ans*, illustré de plus de deux cents dessins originaux.

La *Revue de cavalerie* a donné de nombreuses biographies de grands cavaliers, dues au général Thoumas.

Après les événements de l'année terrible, il était bon de rappeler au pays le souvenir des héros qui parcoururent l'Europe entière à la suite du drapeau tricolore. Ces récits étaient bien propres à relever la confiance dans nos armes, et à démontrer qu'un pays, qui a fourni de tels soldats, n'a pas le droit de désespérer de l'avenir.

Chose étonnante, cet artilleur, cet organisateur à l'esprit

calme et méthodique avait une passion pour les grands sabreurs, comme Lasalle; c'est à eux qu'il revenait volontiers (1).

Mais l'œuvre capitale du fécond écrivain restera cette *Vie militaire*, publiée dans les colonnes du *Temps*. Malgré un labeur quotidien et acharné, malgré les recherches nécessitées par des ouvrages compliqués comme son *Histoire de la guerre du Mexique*, il n'a jamais interrompu sa collaboration à ce journal. Qu'on parcoure seulement la liste sommaire de ses causeries, et on sera étonné de la variété inouïe des connaissances que possédait le général Thoumas.

« Ces articles représentent une immense encyclopédie militaire, dit un rédacteur du *Temps*, très originale et très vivante, dans laquelle les héros de la *Révolution* et du *premier Empire* tiennent une place prépondérante. Ce n'était pas seulement un érudit : il restait fort au courant des choses de l'armée, et son esprit primesautier en faisait un véritable journaliste, capable d'écrire au pied levé une page d'histoire destinée à rester. Lorsque mourut le maréchal de Moltke, le général Thoumas lui consacra un article qui peut passer pour un jugement définitif.

» Notre collaborateur a disparu en pleine vigueur de talent. L'illustre organisateur de l'artillerie de la Défense nationale en province venait de mettre la dernière main à un ouvrage qu'il se proposait d'intituler : *Paris-Tours-Bordeaux*. C'est l'histoire de l'organisation de la Défense nationale après nos grands désastres en Alsace et sur la Meuse.

(1) Général de cavalerie, Louis *Collinet*, comte de *Lasalle*, né en 1775, entra dans l'armée avant la Révolution française. Engagé comme simple chasseur à cheval dans l'armée du Nord, puis dans celle d'Italie, il fut fait prisonnier. Conduit au vieux maréchal Wurmser, et interrogé par ce dernier sur l'âge qu'avait le général Bonaparte :

— Celui de Scipion quand il vainquit Annibal, répondit fièrement Lasalle.

Remis en liberté, après la bataille de Rivoli, la campagne d'Égypte et la seconde campagne d'Italie, il devint général de brigade, et s'illustra dans tous les combats. Il fut tué à Wagram. Mort jeune encore, Lasalle se distinguait par un coup d'œil prompt et sûr, et par une vigueur intrépide qui toujours décidait le succès.

» Thoumas avait comme un pressentiment de sa fin prochaine, car, en nous parlant de ce livre, il disait :

» — Il ne paraîtra, sans doute, qu'après ma mort. »

Un rédacteur du *Temps* a redit les travaux de son collaborateur, sans parler de ses sentiments chrétiens (1); d'autres écrivains également n'ont loué que les qualités du général et de l'éminent historien militaire; mais le lecteur ne connaîtrait pas véritablement le héros de cette notice, s'il ne savait que le général Thoumas était un homme plein de foi religieuse et de charité, puisée dans la prière et la fréquentation des sacrements. Depuis qu'il avait pris sa retraite, sa vie fut une longue souffrance, et, malgré tout, ses convictions lui donnaient assez d'empire sur lui-même pour lui permettre de méditer et de composer de nombreux ouvrages jusque pendant les longues insomnies de la nuit. Comme témoignage de ses sentiments religieux, nous publions une poésie du général qui mérite une place distinguée parmi ses œuvres. Écrite dès 1864, alors qu'il était chef d'escadron, à l'occasion de la mort d'un enfant de quatre ans, elle prouve que les pensées de la foi étaient déjà bien vives dans l'âme du général Thoumas.

LE CRUCIFIX

Sophistes enivrés d'un semblant de science,
Couvrant de mots fleuris leurs vains raisonnements,
Ils s'attaquent, ô Christ, à ta divine essence;
Pour eux, tradition, dogme, Église, tout ment.
A les entendre, eux seuls comprennent l'Évangile :
Tu n'es plus qu'un grand homme et non le Fils du ciel,
Ton culte n'est qu'un faux, tes prêtres tourbe vile,
Des imposteurs gagés qui vivent de l'autel.

(1) Ce silence affecté sur les écrivains catholiques, suivi en tout froidement, systématiquement, est commun à toute la presse universitaire. Il a pour but de ne point parler de la religion de Jésus-Christ, comme si elle n'existait pas. De là, la nécessité d'une publication comme celle-ci, qui doit rechercher et mettre en lumière tous les personnages qui ont droit à l'estime des catholiques. Leur exemple, du même coup, fortifie notre foi.

En vain l'humanité vers le progrès s'avance.
Cette marche réglée est trop lente à leurs yeux.
La liberté n'est rien, il leur faut la licence,
L'impunité, le droit de s'ériger en dieux,
D'insulter à tout frein, de briser toute chaîne,
D'avoir leur bon plaisir pour souveraine loi;
Et comme sur la pente, où l'orgueil les entraîne,
Tu leur es un obstacle, ils s'acharnent contre toi.

Vains efforts, dira-t-on, sur l'acier de la lime,
C'est la dent du serpent qui s'use et ne mord pas;
C'est le noir des déserts qui, de l'astre sublime,
Par ses cris impuissants veut arrêter les pas.
Vains efforts, il est vrai. Mais la foule, peut-être,
S'abreuve à ces poisons distillés avec art,
Et dans les cœurs trompés le doute enfin pénètre,
Et le monde s'agite au souffle du hasard.

Faudra-t-il donc, ô Christ, descendre dans l'arène,
Et combattre contre eux pour ta divinité?
D'autres l'ont voulu faire, on les écoute à peine,
Tandis que le mensonge est partout colporté.
Pour moi, lorsque j'entends proférer le blasphème,
Je sens se réveiller tous mes instincts chrétiens :
Mes armes contre lui, je les trouve en moi-même.
Je ne discute pas, je pense..... et me souviens.

Je me souviens encore de la nuit douloureuse :
Près du lit où gisait un enfant bien-aimé,
Vacillait la lueur d'une pâle veilleuse.
La douleur étreignait son œil demi fermé,
Et nous pleurions penchés sur son lit de souffrance,
Multipliant nos soins sans pouvoir le sauver.
Car on nous avait dit : bannissez l'espérance,
Le moment est venu qui va vous l'enlever.

Le silence régnait dans notre alcôve obscure,
A peine interrompu par ce souffle inégal,
Qui précède la mort comme un sinistre augure,
Ou par quelque sanglot que nous comprimions mal.
Au milieu des rideaux, contre la boiserie,
On distinguait dans l'ombre un crucifix de bois
A demi couronné d'une branche flétrie,
Humble autel de famille, invoqué bien des fois.

Je m'en souviens toujours. Abattu par la fièvre,
L'enfant ne criait plus, il avait trop souffert;
Un râle entrecoupé s'échappait de ses lèvres,
Et la sueur perlait sur son front découvert.
Rien ne nous trompait plus, nous pouvions, sans mystère,
Étudier du mal le pas rapide et sûr,
Et nous pleurions levant un regard de prière
Sur le vieux crucifix fixé contre le mur.

C'est qu'il était si beau l'enfant! Quatre ans à peine,
Un air intelligent, un front plein de candeur,
De grands yeux, sous des cils longs et noirs comme ébène,
Un sang pur, et quelle âme? et quelle douce ardeur,
Quelle grâce en ses yeux! Quels élans de tendresse!
Et tout cela, mon Dieu, suffit-il donc d'un jour,
D'un instant pour le prendre à nos vives caresses?
A quoi sert ta puissance? A quoi sert notre amour?

Et nous pleurions..... Soudain, sur la face amaigrie
Brille comme un rayon divin et fugitif;
Puis l'enfant retourna sa face endolorie
Et fixa sur le mur un regard expressif.
Nous étions là, tremblants, épiant son sourire,
Malgré nous ballotés de la crainte à l'espoir,
Tandis qu'il s'efforçait, ne pouvant plus rien dire,
De soulever sa main vers le crucifix noir.

Son geste, son regard peignaient bien sa pensée.
On mit entre ses mains la pauvre croix de bois;
Il effleura le Christ de sa lèvre glacée
Sur l'ivoire jauni se crispèrent ses doigts.
Un sourire plus doux de son visage blême
Comme un reflet du ciel illumina ses traits,
Son âme s'envola dans un souffle suprême :
Hélas! l'ange avait pris son vol..... et pour jamais.

Eh bien! dans ce dernier appel de l'innocence,
Qui n'eut vu comme nous briller la vérité?
Qui n'aurait accueilli la leçon de l'enfance,
Comme une preuve, ô Christ, de ta divinité?
Ni livres, ni sermons, ni savante doctrine
Ne l'avaient endormi sous un charme menteur,
Ce pauvre ange si beau, si gai, dont la poitrine
Librement respirait dans sa sainte candeur.

Une courte prière aux formules d'usage
Devant le crucifix apprise chaque soir :
Chaque soir un baiser sur le front de l'image :
Voilà d'où lui venait tout son naïf savoir.
Pourquoi donc? quand la mort, de ses voiles funèbres,
Déjà l'enveloppait pour le ravir à nous,
Pourquoi demandait-il à travers les ténèbres
Le symbole béni qu'on adore à genoux?

Pourquoi donc ce sourire à ce moment suprême,
Et pourquoi donc ces traits rayonnants de bonheur,
Si notre crucifix devait être l'emblême
Choisi pour propager le mensonge et l'erreur?
Pourquoi donc, ô Jésus, si tu n'étais qu'un homme
Ces magiques effets d'une humble croix de bois?
Ah! sophistes, rêveurs, de quelque nom qu'on nomme.....
Jamais tes ennemis ne briseront ta croix!

Pour moi, lorsque j'entends proférer le blasphème,
Je sens se réveiller tous mes instincts chrétiens :
Mes armes contre lui, je les trouve en moi-même;
Je ne discute pas, je pense..... et me souviens.
Je me souviens, ô Christ, de la nuit douloureuse.
Non, tu n'es pas un homme, et bien le Fils de Dieu.
Aux reflets vacillants d'une pâle veilleuse,
Notre enfant me l'a dit dans son suprême adieu.

27 avril 1864. Charles THOUMAS.

VERGÉ

GÉNÉRAL DE DIVISION

(1809 — 1893)

« Et je te dois en plus une illustre victoire,
Mais à toi seul aussi j'en rapporte la gloire,
Sainte Mère de Dieu, que ton nom soit béni! »
(Général VERGÉ).

Quand un guerrier a consacré plus de soixante années au service de son pays et que sa vie est près de finir, il peut voir venir la mort avec calme, lui qui l'a vue de près dans plus de cent combats, surtout lorsque sa conscience de soldat est aussi celle d'un véritable chrétien. A ce titre, le général Vergé, décédé récemment à Versailles, a le droit de prendre place parmi les personnages célèbres qui, dans ce siècle, ont vécu pour la patrie et pour Dieu.

Charles-Nicolas Vergé, comte de Taillis, né à Toul, entra dans l'armée en 1831 ; en 1834 il était sous-lieutenant, capitaine en 1838 et chef de bataillon en 1842. Cet avancement rapide est dû, sans doute, à ses talents et à sa valeur militaire, mais également aux nombreuses guerres d'Afrique auxquelles il prit part.

En 1835, une ordonnance royale ayant approuvé la formation des deux premiers bataillons de zouaves, corps d'élite qui devait rendre des services si considérables dans la conquête de l'Algérie, Charles Vergé y était entré. En 1842, on le trouve commandant de l'un de ces bataillons avec lequel il fit des prodiges, toujours aux avant-postes le premier engagé, quittant le dernier le champ de bataille.

En 1835, le lieutenant Vergé avait été détaché pour exercer les fonctions de caïd, près d'un bureau arabe chez les Béni-Khélel (1).

Nous arrivons en 1854, où la guerre de Crimée exige l'emploi de l'armée d'Afrique. Vergé est colonel depuis plusieurs années ; il arrive sur les bords de la mer Noire, où

(1) L'institution des bureaux arabes, administrés par des Français parfaitement au courant des mœurs et de la langue des indigènes, a puissamment aidé à la colonisation de l'Algérie. Organisés d'abord en 1832, et reconstitués par le maréchal Bugeaud en 1844, les bureaux arabes sont établis sur tous les points du territoire conquis. Ils ont la direction administrative, politique et judiciaire de leurs postes; ils surveillent la rentrée des impôts et la conduite des goums, auxiliaires indigènes des soldats français.

Ces goums se recrutent par engagements volontaires; ils sont chargés de communiquer les rapports des officiers supérieurs à leurs inférieurs, accompagnent les administrateurs des communes mixtes dans les tournées qu'ils font sur divers points du territoire; en temps de guerre, ils servent d'éclaireurs et se tiennent devant les colonnes pour sonder le terrain; dans les grandes fêtes, ils forment une garde d'honneur, et les applaudissements les plus mérités témoignent de l'admiration que leur a acquise l'habileté avec laquelle ils exécutent les exercices de leur fantasia.

Napoléon III vient de jeter en quelques semaines quatre fortes divisions avec leur effectif de guerre en hommes, chevaux, canons et approvisionnements de toute nature. Jusque-là le colonel Vergé n'a assisté qu'à des combats partiels, où il n'y avait de grand que les privations, les fatigues, le courage et le danger. Il allait enfin prendre part à ces grandes batailles, où les chefs, par des mouvements savamment combinés, doivent montrer leur savoir et leur valeur militaire.

Ce drame sanglant de Crimée devait faire disparaître d'illustres chefs.

Le maréchal de Saint-Arnaud vient de mourir. Canrobert, qui lui a succédé dans le commandement de l'armée d'Orient, cède la place à Pélissier, celui-ci ami intime du colonel Vergé. Le nouveau commandant en chef est merveilleusement doué comme aptitude guerrière; son activité d'esprit est incomparable. La lutte sous Sébastopol se continue. Résolu à brusquer l'attaque de la forteresse principale, il ordonne d'abord l'assaut des ouvrages secondaires de fortification et du *Mamelon-Vert* en particulier.

Le colonel Vergé est chargé de l'attaque de ce point important. Mais laissons-lui la parole pour nous expliquer à la fois son succès et la cause de ce succès.

« *Au camp de Traktir, près Sébastopol.*

» Le 7 de ce mois (juin 1855), j'attendais vers six heures du soir, dans le ravin de Karabolnaïa, l'ordre de monter avec ma brigade à l'assaut du Mamelon-Vert, quand le courrier de France me fut apporté. Le passage suivant, que je trouvai dans l'une des lettres de Mme Vergé, attira singulièrement mon attention : « Toul, 23 mai 1855. Voulez-vous me pro-
» mettre de faire un vœu à la Sainte Vierge pour qu'elle con-
» tinue à vous couvrir de son égide et vous rende à toute notre
» affection ? » Je fis vœu immédiatement de reconnaître haute-

Général VERGÉ

ment le dogme de l'Immaculée Conception (1), si je revenais sain et sauf de la bataille qui allait s'engager.

» Au même instant, j'entendis la fusillade se rapprocher, et je reçus l'ordre de repousser les Russes qui s'avançaient sur nos parallèles. Je pris alors le pas de course avec ma colonne. L'ennemi fut refoulé, le Mamelon-Vert repris, trente-deux bouches à feu restèrent en notre pouvoir, et, pendant trente-six heures que je suis demeuré, dans cette redoute ennemie, sous une pluie d'obus, de boulets, de bombes et de mitraille qui a décimé tant d'officiers et de soldats, je n'ai pas reçu la moindre égratignure.

» J'accomplis donc mon vœu, en vous envoyant le sonnet à la Sainte Vierge que vous trouverez ci-contre.

» Votre ancien et dévoué camarade,

» Général Ch. VERGÉ, 2e division, 2e corps. »

Cette action d'éclat valut au courageux officier le grade de général.

Voici le *Sonnet à la Sainte Vierge*, composé pour remplir son vœu de reconnaître hautement le dogme de l'Immaculée Conception :

A L'OCCASION DE LA PRISE DU MAMELON-VERT

(REDOUTE DE KAMSCHATKA)

Le 7 juin 1855, devant Sébastopol.

Sainte Mère de Dieu, que je n'ai vainement
Jamais dans le péril à mon aide appelée,
Ma confiance en toi ne peut être égalée
Que par ma gratitude et mon amour ardent.

J'ai hâte d'accomplir le vœu qu'en t'implorant
J'ai fait, lorsque j'allais courir dans la mêlée :
« De ta Conception divine, immaculée,
« Je confesse le dogme avec un cœur fervent. »

(1) Proclamé l'année précédente.

Oui, c'est bien toi qui m'a guidé dans la bataille;
Qui, des globes de feu, du plomb, de la mitraille,
As préservé mon front d'où l'effroi fut banni,
Et je te dois en plus une illustre victoire,
Mais à toi seule aussi j'en rapporte la gloire;
Sainte Mère de Dieu, que ton nom soit béni!

Général Ch. VERGÉ.

Au camp de Traktir, sur la Tchernaïa, le 21 juin 1855.

Louis Veuillot (1), publiant cette lettre avec le sonnet, ajoutait éloquemment :

« Les soldats de la France donnent au monde le plus noble spectacle qu'il ait vu depuis bien des siècles. Ils bravent le respect humain comme tout autre ennemi, et ils ne craignent pas d'être ouvertement de la religion de leurs épouses et de leurs mères, de la religion des Sœurs de Charité. Là est la meilleure espérance pour l'avenir. Quand les hommes qui prennent des redoutes oseront faire le signe de la croix, l'impiété verra baisser son redoutable crédit. Nécessairement elle insultera moins à des croyances qui sont une partie de la force de ces grands cœurs, éternel orgueil de la patrie ; et, d'un autre côté, un général victorieux, à genoux sur le champ de bataille, paraîtra toujours plus respectable et sera toujours placé dans l'opinion infiniment plus haut que le stérile troupeau des esprits forts. »

Grâce au concours du général Vergé, la redoute du Mamelon-Vert tombait aux mains des Français le 7 juin, et, du même coup, la confiance renaissait dans l'armée. Le général en chef décida l'assaut de Malakoff pour le 8 septembre, jour de la Nativité de la Sainte Vierge, malgré les criailleries

(1) Il avait connu assez intimement le colonel Vergé en Algérie.

de quelques chefs voltairiens de notre armée et les préjugés des Anglais à l'égard du culte de Marie.

A l'occasion de la prise de Malakoff qui décidait du succès de la campagne de Crimée, le général Vergé voulut donner une preuve nouvelle de sa dévotion envers la Mère de Dieu, en composant cette pièce de vers :

À l'assaut donc! Allons, mes braves!
Ce mot électrise le cœur.
A l'assaut! Il n'est plus d'entraves!
Qui retiennent notre valeur.
Une épaisse et noire fumée,
Qui couvre l'une et l'autre armée,
Cache aux regards les combattants;
L'air s'enflamme imprégné de poudre,
Et les éclats seuls de la foudre
Dominent les cris des mourants.

L'attaque cède à la défense;
C'est une lutte de géants.
On marche, on recule, on avance,
Le triomphe reste en suspens.
On ne combat plus qu'avec rage,
Tout ce qui survit au carnage
S'épuise en efforts inouïs.....
Quand soudain, éclatant miracle!
Le plus admirable spectacle
Vient s'offrir aux yeux éblouis.

Eh quoi! C'est la Reine des anges,
C'est Marie au front radieux,
Qui, des invincibles phalanges,
Dirige l'essor dans les cieux.
Oui, c'est la Vierge immaculée;
Elle préside à la mêlée,
Nous prêtant son appui divin.
Sa voix nous guide, nous protège,
Annonce le terme du siège,
Et nous indique le chemin.

Sur la plus haute citadelle
De l'inexpugnable cité,
L'aigle aux ailes d'or étincelle :
Le drapeau français a flotté.
Le Russe, en ce péril extrême,
En vain tente un effort suprême
Que redouble le désespoir;
Sa fureur expire, inutile :
Malakoff est à nous! la ville
Va tomber en notre pouvoir.

Mais, avec le jour qui décline,
Cesse ce combat plein d'horreurs;
Tout à coup le ciel s'illumine
Reflétant de sombres lueurs.
C'est l'ennemi qui met en cendre
Les murs qu'il ne peut plus défendre,
Et dont il a miné le sol.
Tout s'embrase dans les ténèbres,
Et ce sont les adieux funèbres
Qu'il adresse à Sébastopol.

O Marie, ô Vierge sans tache!
Ce grand succès n'est dû qu'à toi.
Ton nom tout entier s'y rattache
Comme un triomphe de la foi!
N'est-ce pas sous ton patronage,
Fortifiant notre courage
Que nos armes l'ont emporté?
Puisque nous avons, Vierge sainte,
Choisi, pour combattre sans crainte,
Le jour de ta Nativité.

Aussi quel concert unanime
De louanges en ton honneur!
On vante ta bonté sublime,
On bénit ton bras protecteur.
Pénétré de reconnaissance
Envers ta divine influence,
L'Empereur lui-même a promis,
Notre-Dame de la Victoire,
De consacrer à ta mémoire
Le fer des canons ennemis.

A l'époque où le général Vergé exprimait des sentiments si chrétiens, si pieux même, il était loin encore d'être catholique pratiquant. Si terrible était sa crainte de la confession! témoin la lettre suivante, écrite par Louis Veuillot à sa sœur. Elle est datée de 1856, c'est donc un an environ après la composition des vers ci-dessus.

Après avoir parlé d'un excellent discours de Mgr Berteaud, évêque de Tulle, entendu à Saint-Germain, le publiciste écrit :

« J'ai prêché à mon tour dans un cabaret de la rue Montorgueil, où m'avait conduit le général V***. Cet imbécile est plein de foi; il aime la Sainte Vierge, comme nous aimons maman Ségur, et Monsieur ne se confesse pas : 1° parce qu'il a peur; 2° parce qu'il a dit que, s'il se confessait, il ne ferait plus jamais le moindre péché, et qu'il ne veut pas se donner un démenti.

» Pour conclure, je l'ai mené chez Lecoffre, où je lui ai donné *La Vie de Notre-Seigneur* par notre Seigneur Gaston, un Catéchisme et les *Libres-penseurs*. Il va à Lyon, et il m'a promis, foi de soldat, d'aller trouver l'abbé de Serres, qui lui fera son affaire, ou qui le poussera chez les Jésuites. Conçois-tu un animal qui prend le Mamelon-Vert, qui reste trois jours sous une pluie de bombes non interrompue, qui perd la moitié de son monde, qui fait un vœu, qui n'attrape pas une égratignure, qui publie un sonnet à la Sainte Vierge, qui compose ensuite une ode dans le même goût, — et qui ne veut pas se confesser par respect humain!

» Il m'a dit que Pélissier était un bon garçon, très religieux *comme lui*, couvert comme lui de médailles et de scapulaires, qui fait aussi des vers à la Sainte Vierge, et qui se dispense aussi de la confession, parce que l'homme qui se confesse doit être saint, — et qu'il n'est pas si bête. »

Nous savons que la prédication de Louis Veuillot ne fut pas inutile et que le général Vergé finit par avoir *l'esprit de se confesser*. Il s'en trouva bien et ne comprit pas que si longtemps il eût pu vivre éloigné de la pratique religieuse.

La guerre de 1870-71 le trouvait général de division. On lui confia le commandement de la première division du deuxième corps d'armée, celui du général Frossard.

A Stiring (6 août), le général Vergé eut, au début, un succès marqué sur les Prussiens, et les officiers présents ont estimé que, sans les fautes du général Frossard, l'ardeur de l'attaque dans les troupes et la conduite habile du chef eussent assuré la victoire.

Les batailles de Borny, de Bezonville et de Saint-Privat furent témoin du rôle brillant qu'y joua sa division, et il ne tint pas à lui que la capitulation fût évitée.

Mais, comme tant d'autres, il fut fait prisonnier à Metz, après avoir lutté en vain contre des forces supérieures dix fois, à la bataille de Noisseville.

La captivité si longue pour les simples soldats devint plus dure encore pour nos officiers supérieurs, surtout pour les vieux généraux d'Afrique qui, comme Vergé, souffraient terriblement de ne pouvoir plus mettre leur courage au service de la France. Avoir été constamment vainqueur sur tous les champs de bataille, en Afrique, en Crimée, en Italie, et subir la captivité pendant que la patrie agonisante appelle à son secours, quelle torture pour un brave soldat!

Après la guerre, le général Vergé vint prendre à Paris le commandement d'une des divisions de l'armée de Versailles. Autre douleur : il lui fallut prendre part au siège de Paris contre la Commune, et quand, le 21 mai, une partie des troupes entrait dans la capitale, grâce au dévouement de Ducatel, avec sa division et celle du général Berthault, Vergé occupait, à dix heures du soir, tout le massif compris entre les fortifications et le Chemin de fer de ceinture. Le jour suivant il entrait dans Paris et cheminait à travers les rues et les jardins du faubourg Saint-Honoré, enlevant les barricades, tuant et faisant prisonniers une foule de malheureux communards.

Le titre de grand'croix de la Légion d'honneur vint, le 19 juin 1871, récompenser les services du général Vergé pendant la guerre précédente. Il fut atteint par la limite d'âge au moment où il commandait la douzième division militaire.

Retiré à Fontainebleau, c'est là qu'il acheva de couronner sa carrière par une mort chrétienne. La mort vulgaire, la mort de tous dans un lit, couchée dans le linceul de la fièvre, avant d'être ensevelie dans celui du tombeau, n'était point celle qu'il avait rêvée. Elle est plus difficile peut-être à accepter pour un vieux guerrier que la mort sur le champ de bataille, mort frappée au coin de l'héroïsme et de l'honneur, embellie des blasons du courage et du sacrifice. Cette mort vulgaire, le général Vergé l'accepta volontiers, parce qu'elle fut embellie des joies que procure la religion et l'espérance du repos éternel.

FIN

TABLE

Gramont (Alfred de), général de division, héros de Reischoffen . . 7
Jurien de la Gravière, amiral, sénateur, de l'Académie française et de l'Institut. 13
Lallemand, général de division 30
Manning, orateur, publiciste, cardinal 42
Mellinet (Émile), général de division, commandeur de Saint-Grégoire-le-Grand 66
Mermillod (Mgr), évêque, cardinal 80
Miribel (de), général, chef de l'état-major général 97
Mouchez, amiral, astronome, de l'Institut, directeur de l'Observatoire de Paris 116
Newman, littérateur, fondateur de l'Université de Dublin, cardinal 122
Pâris (François-Edmond), amiral, de l'Institut et du Bureau des Longitudes 147
Pitra (dom), savant, historien, cardinal 158
Ribourt (Amédé-Louis), amiral 173
Thoumas, général de division, écrivain militaire . . . 184
Vergé, général de division 194

— Lille. Typ. A. Taffin-Lefort. 5. —

www.ingramcontent.com/pod-product-compliance
Ingram Content Group UK Ltd.
Pitfield, Milton Keynes, MK11 3LW, UK
UKHW022059260726
13993UKWH00001B/210